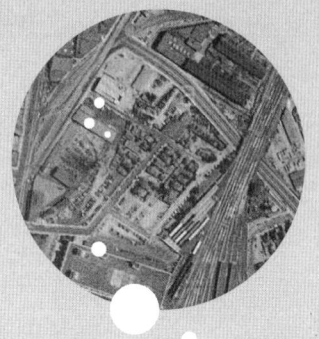

海外专家和媒体推荐

当今世界,我想象不出比杰弗里·韦斯特更令人感到兴奋的思想家。韦斯特把一位物理学家敏锐的思想聚焦于令人吃惊的问题,如为什么没有体形小如蚂蚁般的哺乳动物,城市和公司是否只是大型生物体。他迫使我们从全新视角看待一切事物,从我们自身的身体到我们这个物种选择居住的超大型城市。《规模》是大众科学的绚烂展示。

——英国知名历史学家尼尔·弗格森

杰弗里·韦斯特的《规模》一书充满了绝妙的洞见。他阐明了从微小有机物到人类再到城市和公司的一切事物的基础的自然界法则,并提供了一个量化框架来解码我们相互连接的世界的高度复杂性。如果你想要知道公司为何会倒闭,城市如何持续存活,以及在这个快速创新时代需要什么来维系我们的文明,就要抓紧阅读这本精彩的书籍。

——赛富时公司(Salesforce.com)首席执行官马克·贝尼奥夫

当才华横溢的理论物理学家杰弗里·韦斯特将他的双眼转向寿命、生物系统和城市的研究时，他提出了一个有关增长和可持续性的具有普遍意义的变革性洞见。《规模》是一本光彩夺目、令人感到兴奋的著作，韦斯特证明他可以成为一位引人入胜、令人倍感愉悦的作家，这是一本我们将会讨论许久的书籍。

——美国"国家人文奖"得主亚伯拉罕·韦尔盖塞

如果有跨学科的诺贝尔奖，杰弗里·韦斯特将会因其对规模的研究而赢得该奖项。《规模》是一本具有高度独创性和深刻重要性的书籍，书中包含了那些看上去相互无关联的议题的令人惊讶的洞见，如衰老和死亡、睡眠、新陈代谢、城市、能量消耗、创造性、公司，甚至是我们自身存在的可持续性。如果你对世界的运转感兴趣，务必要读这本书。

——圣塔菲研究所荣誉主席、美国共同基金史上的"金手指"比尔·米勒

杰弗里·韦斯特的《规模》是一本给人以启示的书。该书以他具有突破性的理论和对超线性比例变化的研究为基础，给出了关于一些基础性科学规律的全新洞见，这些规律驱动着现代社会、经济、初创公司、大型企业和城市的发展。这本书是首席执行官、技术专家、市长及任何想要理解、构建我们生活的复杂世界的简单规律的人的必读书。

——全球知名创意经济学家、《创意阶层的崛起》作者理查德·佛罗里达

这是一本重要的、独创的书籍，拥有宏大的视野。杰弗里·韦斯特是一位博识者，他的洞见覆盖物理学、生物学和社会科学。他展示出，尽管存在丰富的多样性，但生物的体形和生命有着惊人的关联性，都遵守基本的物理原则。韦斯特又进一步发现了人类社会中的"规模法则"，如我们的城市、公司和社会网络。这些发现都以清晰无比、非技术性的文字阐释出来，并辅以趣闻轶事，解释了这些概念的产生，以及它们为何对我们规划未来极其重要。这本精彩的书籍值得大量读者阅读。

——英国皇家学会前任主席、剑桥大学天体物理学家马丁·里斯

规模是目前最为重要、最为隐秘、最少有人讨论的特性之一，如果不理解规模，就不可能理解世界。这本书将会把你的思维从三维扩展到四维。买两本吧，以防你弄丢一本。

——《黑天鹅》作者纳西姆·尼古拉斯·塔勒布

《规模》绝对是一本引人入胜的书籍，就像最佳侦探小说一样。韦斯特展示出了动物、城市和公司为何会一致地按比例变化，然后又让我们走近他的"侦探作品"所发现的秘密。这本书抓住了21世纪的科学精髓，揭示了物理学和生物学，以及社会与生命之间的深刻联系。《规模》在宏大的科学故事和韦斯特的个人叙述之间达成了绝佳的平衡。我们陪伴着作者，追随他一同去探索死亡的命运，并同

时从他的突破性成就中见证理论的发现。

——牛津大学数学教授、"流行数学"概念提出者
马库斯·杜·桑托伊

拥有一个宏大、大胆、美丽、极为简单的新观点，而且还被证明是正确的，这在科学史上十分罕见。杰弗里·韦斯特便有这样一个观点。《规模》就是有关这一观点的故事。

——康奈尔大学数学教授、
《X的奇幻之旅》作者史蒂夫·斯托加茨

《规模》是一场令人心醉的知识之旅，也是有关一位杰出科学家的令人感到心满意足的个人和专业回忆录，他的一生都在寻找打破学科之间传统边界的方法，以解决可持续发展的长期全球性挑战。韦斯特先生努力用容易理解、有趣的方式讲述了大量理论和历史，令人兴奋、精彩绝伦。

——《纽约时报》

《规模》是杰弗里·韦斯特研究了数十年的论题的总和，它对自然界和人类世界中规模与增长的普遍规律进行了重要的、令人信服的阐释，并帮助人们理解二者之间能否相互适应。

——《自然》杂志

《规模》是数年难以一遇的重要思想书籍，是那种能够改变会议室、休息室和餐厅里的话题的书籍。全书充斥着令人兴奋的观点。

——《星期日泰晤士报》

复杂世界，简单规则

吕琳媛

阿里巴巴复杂科学研究中心副主任

8年前，当我还在瑞士弗里堡大学物理系攻读博士学位时，对人类语言系统产生了兴趣，便和几个朋友一起做了些研究[1]。我们收集了9本文学名著，这些书是用英语、德语、意大利语、西班牙语和拉丁语等语言写就的。我们对每本书的词频分布进行了统计，发现其均符合齐普夫定律（Zipf's Law）[2]，也就是说，如果把单词出现的频率按降序排列，则每个单词出现的频率与其名次的常数次幂存在简单的反比关系，这个幂指数称为"齐普夫指数"。这一定律表明，只有极少数的单词被经常使用，而绝大多数单词很少被提及。我们常常听到的20/80法则就是这个定律的延伸。齐普夫定律已经在信息学、计算机科学、经济学、社会学、生物学、地理学、物理学等众多研究领域获得了广泛的应用。除了词频分布外，我们还考察了24个学术期刊的关键词、H1N1（甲型流感病毒）在各个国家的出现频率，以及期刊论文引用的频率等，结果都发现了同样的规律。

语言系统中另一个知名的定律是希普斯定律（Heaps' Law），这是希普斯在1978年一本关于信息挖掘的专著中提出的[3]。这一定律关注的是系统的增长问题，

---

[1] L. Lü, Z.-K. Zhang, T. Zhou, Zipf's Law Leads to Heaps' Law: Analyzing Their Relation in Finite-Size Systems, *PLoS ONE* 5(12), e14139 (2010).

[2] 齐普夫定律是哈佛大学的语言学家G. K. 齐普夫（G. K. Zipf）在研究英文单词出现的频率时发现的，他在1949年面市的一本关于人类定位的最小作用原理的书中进行了详细阐述。

[3] HS Heaps, *Information Retrieval: Computational and Theoretical Aspects* (Academic Press, Orlando), 1978.

指出在语言系统中，不同单词的数目与文本篇幅之间存在幂函数的关系，这个幂指数称为"希普斯指数"，是介于 0~1 之间的。这一定律表明系统里的元素数目随着系统规模的扩大呈亚线性增长趋势。我们在上述提到的 30 余种系统中均发现了这样的规律。例如，随着流感病毒在全球范围的蔓延，如果感染人数增加一倍，那么被感染的国家可能只增加不到 30%。①

令人兴奋的是，很多复杂系统同时遵循齐普夫定律和希普斯定律。那么，这两个定律之间又有什么样的关系呢？通过研究，我们发现，当齐普夫指数大于 1 时，希普斯指数等于齐普夫指数的倒数，且齐普夫指数越大，这个关系越精确；当齐普夫指数小于 1 时，希普斯指数等于 1，且齐普夫指数越小，这个关系越精确。也就是说，这两个定律指数之间的解析关系，只是在齐普夫指数远大于 1 或远小于 1 或系统规模无穷大时的一种渐进解。此外，我们不依赖任何随机过程，证明了齐普夫定律更本质，而希普斯定律是衍生律。这可能是我们在语言系统研究中迄今为止最重要的贡献了。

不得不承认，对复杂系统本质的普适性规律的发现总是能让我们激动不已，特别是对物理学家来说，这似乎就是生命。本书作者杰弗里·韦斯特就是这样一位杰出的物理学家和思想领袖，他曾担任世界著名的跨学科研究组织圣塔菲研究所的所长，被《时代》杂志评为"全球最具影响力的 100 人"之一。

我很惊喜地看到韦斯特把系统增长中的标度关系在更广泛的范围和更普适的意义上进行了讨论②，即研究各种事物或系统如何随着规模的变化而发生变化，以及它们所遵守的基本法则。在书中，韦斯特不仅介绍了他有趣的个人生活和研究生涯，而且讲述了物种、生命、企业、城市背后隐藏的普适规律。他的研究构建了一种可量化、可预测的框架以帮助人们了解世界的意义，以及事物之间是如何相互影响并生长的。《规模》深刻揭示了这个丰富多彩的复杂世界背后所蕴含的普适性简单规律，无愧为一部卓越的著作。

韦斯特的研究可以回答很多有意思的问题，比如，为什么蚁人和哥斯拉只能

---

① 实证研究发现，H1N1 的齐普夫指数和希普斯指数分别是 3 和 0.35。
② 希普斯定律是规模法则在语言系统中的一个表现。

在科幻片里存在？为什么人类不能长生不老？为什么我们一天要睡8个小时，而大象只要睡4个小时？为什么在凉爽的早上看不到很多昆虫？为什么公司会衰亡，而城市不会？这些看似毫不相关的稀奇古怪的问题在《规模》这本书中因规模法则而联系在一起，看完之后你会发现答案原来如此简单。

作者认为，万物相联带来了复杂性的急剧增强，需要追寻对复杂性的大一统理论，并在书中提出了一个核心观点：动物、植物、生态系统、城市和公司中几乎任何可量化的特点都与"规模"存在着可量化的规模缩放关系，这些不同层次的事物之间都有着极为相似的运作方式，其组织、架构和发展表现出惊人的系统性规律和相似性。

这些事物都具有高度复杂性，无论是分子、人类还是城市，都通过不同空间和时间层次上的网络化组织相互联系，不断进化。其中一些网络很明显、很具体，比如现实空间中的城市交通网络，也有一些网络很抽象、很虚拟，比如社交网络、生态系统和互联网。

韦斯特构建的宏观框架可以帮助我们回答许多有意思的问题，这些问题及其答案也从生物学、公司科学、城市科学等不同维度展示了其框架的包容性和解释力，许多原本看似毫无关联的事物实则相关。比如，假设你知道一座城市的人口数量，你就可以准确地预测出它拥有的加油站数量。

韦斯特的研究向我们展示了一个美好的未来：大数据和网络科学的快速发展为人类提供了最大限度地探索万物成长奥秘的契机。数据的爆炸式增长推动着科学研究进入大数据时代。大量来自社会经济系统的数据大大扩展了不同学科的研究范畴，特别是物理学的理论和思想被更多地应用于生物、社会、经济等更广泛的领域中，促进形成了多个新兴交叉学科领域，如经济物理学、社会物理学、生物物理学等，而韦斯特的这本著作，正是横跨多学科领域的前沿研究成果。

神奇的数字"3/4"

生命是宇宙中最灿烂、最光彩夺目的篇章，也是最具复杂性和多样性的现象，它以巨大的魅力吸引着无数科学家的目光。对一直寻求万物统一理论的物理学家而言，在生命科学多样性发展的背后，一定存在一个可以用完美公式来描绘的规律。尽管生命演化处处存在着不确定性和偶然性，但生物体中几乎所有最基本、最复杂的可量化特征都以一种非常简单和规律的方式随规模的变化而发生缩放变化，这被称作"克莱伯定律"——代谢率随体重的约3/4次幂进行变化。

按照这一定律，哺乳动物的基础代谢率与体重的3/4次幂成正比。例如，体重差不多是老鼠的1万倍的大象，其代谢率（即维持大象存活所需的能量）只是老鼠的1 000倍。更令人称奇的是，这类法则还适用于包括心率、寿命、线粒体密度、树木高度等所有生物数量和生命历史事件。

韦斯特发现了新陈代谢与物种体积之间的规模缩放关系，解释了物种停止生长及死亡的原因，交给了人类一把开启生命科学宝藏的金钥匙。

科学显微镜下的城市与公司

克莱伯定律解释了生命体演化所共同遵守的一个规律，而韦斯特将其适用边界进一步拓展至人类智慧所创造的公司和城市等领域。城市所具有的复杂性远超任何一个现有学科的边界，不论是经济学家、地理学家还是社会学家，他们对城市的审视都只是对作为整体的城市的某个局部扫描。城市研究的方法论远远滞后于城市自身的演化进程。

韦斯特尝试创立城市科学，并认为城市是由基础设施网络及社会经济网络构成的，基础设施网络类似生物物种的网络，具有规模经济特性，使它们随着城市规模的扩大而呈亚线性增长；相对地，社会经济网络具有"规模报酬递增"的特性，使城市规模呈超指数增长。韦斯特的研究指出，城市规模与生物体的成长具有高度的一致性。城市规模翻番，其对基础设施的需求大概只需增加85%。韦斯特将一个具有自生长性和适应能力的"有机体"的城市展现在我们眼前。

城市与生物体发展模式之间的一个重要差异是，当城市规模扩大时，城市内会快速涌现出更多新创意，这种现象被称为"超线性规模缩放"。城市规模扩大带来了更多的社会互动，社会互动的增多带来更多的创新和创意，因此在北京、上海、广州等超大型城市中，创新机会更多，生活节奏更快，这是城市"开放式增长"的演化结果。这也解释了为什么人们多选择居住在大城市。

城市的意义在于生活在其中的人，所谓城市即人。人们的生活和互动才是城市生命的源泉。然而，这一点在大多数城市的规划和设计中都被忽略了。一个典型的例子就是上海著名的世纪大道，从东方明珠至浦东世纪公园全长约5.5千米，宽100米，被誉为"东方的香榭丽舍大街"。从设计本身来看，这无疑是一件艺术品，但考虑到整个城市交通道路网络的功能性，问题就来了。这条道路增强了原有地区的交通复杂性，即使是8车道也不能解决交通拥堵的问题。游客需要穿过几十米长的人行横道才能到对面看看。城市的基础设施建设也需要有人情味，需要有人文关怀。人们从胡同里的四合院或者嘈杂的弄堂搬进一梯一户的高档住宅并不一定表示城市在进步。

相较于城市，公司更像生物体。许多关键指标随着规模的增长呈亚线性规模缩放，规模缩放指数约为0.9。这意味着，公司更加受到规模经济而非规模收益和创新递增的主导，这为它们的生存历史，尤其是增长和消亡带来了重要的影响。公司的维度从出生到青春期不断收缩，在进入成熟期后最终停滞，甚至进一步收缩，因此大多数公司都只能拥有有限的增长和有限的寿命。

未来，人类的命运将与城市、公司紧紧捆绑在一起。城市与公司是创新、财富、文明、艺术的发源地，不了解城市的生长规律，我们就无法理解现代生活；不清楚公司的成长模式，我们就无法理解科技、经济和社会组织的进步。这是每一个活在当下的人都需要努力弄明白的事。

复杂性思维

书中的很多观点来自杰弗里·韦斯特过去几十年的研究成果，其目的是建立一套能解释包括生物、城市、公司等复杂适应系统的一般性理论框架。除此之外，这本书的另一大贡献是为我们提供了一套更具整体性、动态性的认知世界的思维范式——复杂性思维。书中所呈现的许多观点背后是以复杂性科学为基础的。韦斯特指出，如何对各类复杂系统演化背后的规律进行量化分析和预测，是21世纪科学面临的巨大挑战。我们不仅可以对天体、粒子等客观事物进行定量分析，而且可以找到城市、公司等社会组织或系统背后定量化的规律。

复杂系统的复杂性不仅体现在构成系统的元素数量庞大、种类繁多上，更重要的是元素间的相互作用关系，这种关系不是物理连接而是化学连接。例如，把一架飞机的上千万个零件拆卸后再重新组装还可以还原成一架飞机，但是如果把一个人大卸八块后，无论怎么拼接都不会复活了。因此，复杂系统的整体绝不是各个部分简单的线性叠加，即"1+1 ≠ 2"。

社会经济系统亦是如此。经济系统是一个开放的演化系统。在这个永无止境的演化过程中，各个要素之间相互作用，新的东西不断被创造出来，推动经济的持续发展。因此，经济也是一个"分配（allocation）+ 创造（innovation）"的非线性过程。①

我们应该逃脱线性思维的束缚，学会用"复杂性思维"方式来理解和认知这个世界。

我相信，《规模》会带给你一个不一样的精彩世界！

---

① 张翼成，吕琳媛，周涛. 重塑：信息经济的结构 [M]. 成都：四川人民出版社，2018.

寻找人工智能时代的牛顿

张 江
北京师范大学系统科学学院教授、集智俱乐部创始人

认识规模法则

假设某天你走进比萨店,点了一个直径为9英寸[①]的比萨并付了钱。经过几分钟的等待,店员突然走过来跟你说:"抱歉,我们的9英寸比萨已经卖完了,我给您换成两个5英寸的吧?"那么,你该不该接受店员的建议呢?

这个问题看似很简单,两个5英寸的比萨加起来应该是一个10英寸的比萨,比一个9英寸的还大,你可以占点儿小便宜,但其实这个建议对你是非常不划算的。因为两个直径为5英寸的比萨的总面积要远小于一个直径为9英寸的比萨的面积!为什么会这样呢?

答案就在于圆的面积公式为 $S=\pi r^2$。当圆的直径变成了原来的一半的时候,面积减少为原来的1/4,而不是一半。因此,两个5英寸比萨的面积会是一个9英寸比萨的1/3还不到,如果你接受店员的建议,就吃了一个大亏。

这是一个隐藏在我们日常生活中的非线性规模法则的典型案例。所谓规模法则,就是指事物的某变量会与事物的规模呈现清晰的、通常是非线性的幂律关系。在这个例子中,我们用比萨的直径来衡量它的规模,这样面积就会与规模呈现平

[①] 1英寸=2.54厘米。——编者注

方的幂律关系，但是，我们可怜的大脑早已习惯了按线性的方式进行外推，从而掉入了这个非常隐蔽的陷阱。

事实上，这种线性思维错误是非常容易发生的，即使训练有素的科学家也不例外。例如，在《规模》一书中，作者就提到了一组科学家因没有认识到非线性规模法则而导致一头名为图什科的大象意外死亡的惨痛案例。事情是这样的：为了测试LSD这种致幻剂对大象的作用，科学家根据LSD在猫身上的正常剂量进行了简单的线性外推，结果酿成了悲剧。他们以为，因为大象的体重大约是猫的600倍，所以，如果猫的LSD适用剂量是0.5毫克，那么就应该给大象注射300毫克的LSD。结果，在300毫克LSD注射完之后的5分钟内，大象图什科开始大叫起来，轰然倒下，重重地摔向右侧，排便，并进入持续癫痫状态，然后在1小时40分钟后就死了。这是一次没有认识到非线性规模法则的惨痛教训。

要想计算大象的适用剂量，我们需要认识到克莱伯定律，它指出生物体的代谢率会随生物体规模（体重）遵守指数为3/4的规模法则。这意味着，当生物体的体重变为原来的600倍时，它的代谢率却没有提高到原来的600倍，而是原来的约121倍。生物体对LSD的消化与其代谢能力相关，因此大象能够承受的剂量也是猫的约121倍，这要远远小于科学家对大象注射的剂量。

这种规模法则不仅适用于生命体，而且同样适用于城市和公司。《规模》一书中指出，随着城市人口的增长，城市的基础设施，如加油站数量、公路长度、总耗电量等并不会等速增长，而是比人口的增长速度更慢，这体现了城市的规模报酬递减效应，也就是城市越大，基础设施的使用效率会越高。更令人着迷的是，随着城市规模（人口）的增长，人与人之间的交互和合作效应就会越来越明显，因此也会创造越来越多的财富。例如，洛杉矶的人口差不多是费城的两倍，但是洛杉矶所创造的财富比费城的两倍还多，差不多是2.2倍。这解释了为什么大城市会比小城市更具吸引力，因为随着城市规模的增长，人均财富也会随之增长。

同样的规模法则也制约着大大小小的公司。我与圣塔菲研究所的克里斯·肯佩斯（Chris Kempes）及作者韦斯特的合作研究结果表明，新公司与老公司有着完全不一样的规模法则。对新创公司来说，它们的销售业绩会随着公司的员工数的增长呈超线性增长，这意味着企业每多雇一名员工就会获得更高的人均销售业绩。所以，新创公司充满了创造超预期利润的可能性，因此相对于那些呈线性增长的公司显得更有活力。对一些老公司来说，每增加一名员工就可能会得到相等或更低的人均销售业绩，这恰恰反映了每个大企业都害怕的"大企业病"。同时，它也解释了为什么像阿里巴巴、腾讯这样的大公司都会在内部引入竞争机制，并鼓励内部创业。这些公司希望模仿初创企业，让员工通过类似集市一样的自组织形成一个个小团队，从而获得超线性增长。

我与香港城市大学的吴令飞的合作研究还表明，即使是虚拟网络社区也展现出了类似的规模法则[①]。对那些自组织特征明显、表现非常活跃的网络社区或论坛来说，随着用户人数的增长，平均每个用户会创造更多的内容和活动；对那些不活跃、自组织特征不显著的社区来说，人均发帖量反而会随着社区的规模（用户人数）的增长而减少。我们甚至可以用规模缩放的幂指数来衡量在线社区的黏性程度。这种黏性度量会消除时间因素和规模因素，可以刻画在线社区的内在属性[②]。

《规模》在讲什么

无论我们用什么指标来度量，如长度、身高、体重、人口数、员工数等，任何复杂系统都有其特定的规模尺度，并起到极其重要的作用，因为几乎所有的其他变量，包括生物体的代谢率、寿命、心率，城市的专利数量、犯罪率、基础设施数量，公司的资产、收益、成本、盈利等都与其规模形成了规模法则。

《规模》不仅系统性地探索了这些普遍存在于各类复杂系统中的规模法则，还将它与其他已知的科学事实和规律相结合，为生物体、城市和公司构造了一个定

---

① Lingfei Wu, Jiang Zhang: Accelerating growth and size-dependent distribution of human online activities; *Physical Review* E 84, 026113, 2011.

② Lingfei Wu, Jiang Zhang, Min Zhao: The Metabolism and Growth of Web Forums; *PLoS ONE* 2014, 9(8): e102646.

量化的理论框架。在这一框架下，《规模》推导出了大量有意思的、令人吃惊的科学结论。

为什么所有的哺乳类动物一生的心跳次数都是15亿次左右？为什么人类会衰老和死亡？衰老过程有哪些重要影响因素？为什么所有生物体在成长到一定阶段就停止了生长？为什么城市的扩张却似乎从未停止过？城市作为超级生物体是如何摆脱死亡的厄运的？为什么大量的公司都活不过10年？所有这些都是重要的理论问题。

在没有医生指导的情况下，我们应该如何确定婴幼儿的服药剂量？我们怎么做才可以减缓自身的衰老过程？为什么我们的生活节奏变得越来越快？为什么即使大城市存在污染、犯罪、交通堵塞等问题，人们还在不断涌入大城市？这些是每个人都关心的问题。

为什么哥斯拉这种怪兽在现实中根本就不可能存在？为什么超人的神秘力量是不符合基本科学原理的？这些问题关系到"幻想文学"。当然还包括可持续发展、科技创新及奇点临近等关系到国计民生，甚至整个人类的大问题。

《规模》真可以说是包罗万象、气吞山河。我们不得不佩服作者韦斯特的气度和深厚功底。难怪比尔·米勒（Bill Miller）评论道，如果存在一个跨学科诺贝尔奖的话，那么韦斯特就是最合适的候选人。

从受限生长到奇点临近

在众多结论中，最有意思的一部分是规模法则会导致不同的生长现象。

为什么所有的生物体在成年以后就停留在一个固定的尺寸而不再生长了呢？将规模缩放理论和生物体的能量预算方程结合起来，我们就能推导出所有生物体都适用的生长方程，该方程不仅能够严丝合缝地拟合很多生物体的成长曲线——也就是给出体重随年龄变化的精确定量关系，而且能够回答为什么所有生物体的生长会存在一个体重上的极限，它们长到一定程度就停止生长了。

问题的答案就在于生长速度的不匹配。如果我们将生物体理解为一个大水缸，那么它代谢摄入的能量就是流进水缸里面的水，它为了维护、修复自身而消耗的能量就是流出的水，而它的体重就是水缸中的水。很显然，生物体的成长就相当于水缸中水量的增长，它取决于净流入量，也就是流入－流出。现在，根据克莱伯定律，代谢率即流入量与体重的3/4次幂成正比，而流出量即生物体用于修复自身细胞消耗的能量与体重成正比。尽管在一开始流入量大于流出量，促进了生物体的快速成长、发育，但随着体重本身的增加，流入量的增长速度会慢于流出量的增长速度（3/4小于1），这就是生长速度的错配。因而必然会有这么一个时间点，流入量刚好与流出量持平，生物体不再生长。

应用类似的生长速度错配的原理，我们还能推导出哥斯拉这样的超级巨兽是不可能存在的。因为它体重的增长速度是身高的3次方，而它的腿骨所能承受的支撑应力会随着身高的2次方增长，3次方显然快于2次方，所以必然有这么一个规模点，哥斯拉自身的体重就会把自己的腿骨压断。

尽管城市的生长与生物体的生长遵循数学形式上一模一样的方程，但由于城市的新陈代谢遵循超线性规模法则，城市呈现出了超指数增长——比指数增长还要快很多的一种生长模式，与生物体的受限生长简直就是大相径庭。理论还预测，城市会在有限的时间点达到无穷的规模。这意味着什么？根据规模法则，社会财富、创新伴随着犯罪和污染会以相同的速度趋于无穷大，我们进入了一个天堂与地狱混合的奇怪世界。

然而，为什么我们从来没有观察到这样的现象呢？韦斯特给出的解释是，科技创新可以让城市生长偏离既定的超指数生长轨迹，颠覆原有的社会经济生态，从而"重启"整个动力学过程，让整个城市进入另一个方程相同但参数不同的新动力学过程。尽管新的生长过程仍会趋于超指数的临界点，但它又会被另一次重大科技创新"重启"。这一过程会一直持续下去。这也就是经济学家熊彼特所说的颠覆式创新与超周期发展规律。

但是，故事还没有结束。理论预测整个过程会以越来越快的速度持续进行下去。用韦斯特的话来说，我们不仅早已踏上了一台永不停止的跑步机，而且还会不断跳到另一台速度更快的跑步机上。整个过程都在以指数的方式加速：虽然科技创新能够一次次地解决原来超指数增长的问题,但是它不得不持续加速下去,从而导致任意两次重大科技革命之间的时间间隔不断缩短。我们的确体会到了这样的过程:人类用了将近20年才完成互联网革命,却用了短短的5年时间就已经完成了移动互联网革命。

持续的指数加速必然会让人类进入一个不可避免的时间点——奇点。我们都知道,技术奇点这个概念最早是由美国数学家和小说家弗诺·文奇(Vernor Vinge)提出并由美国发明家、预言家雷·库兹韦尔(Ray Kurzweil)发展与扩散的。他们根据摩尔定律进行外推,计算出奇点的准确时间就是机器的计算能力超越人类的那一刻。然而,这种能力的预估存在很大的争议。

非常有意思的是,韦斯特采用了完全不一样的框架,即通过超线性规模法则和生长方程也得出了相类似的奇点概念。

奇点临近的时候会发生什么?韦斯特对此报以悲观的态度。不要希冀科技创新,它不是永远的灵丹妙药。与创新相伴而生的魔鬼——犯罪、污染等灾难会让人类社会进入一个崩溃的阶段。这恐怕是本书揭露的一个最让人沮丧与担忧的问题。

内在网络

一个理论不仅要展现数据,而且要给出机制性的解释。为什么规模法则具有高度普遍性呢?韦斯特给出的回答是,所有这些我们关心的复杂系统背后都存在类似的网络,动物体内存在血管网络,植物体内存在经脉网络,城市内部存在公路网络,公司内部存在通信网络,在线社区上存在社交网络,这些网络的共性即普遍存在的规模法则。

如果你透过飞机的悬窗俯瞰夜晚的城市,就会发现道路网络像极了人体内的血管,其中主干道路就像大而粗的主动脉,大量小路就像毛细血管,奔驰的汽车就像血液。

对生物体来说,韦斯特和他的合作者提出了著名的网络模型,剖析了所有生物体背后普适的分形输运网络。大自然的进化迫使这些网络不断优化自身，使其不断分叉、卷曲，甚至硬生生地"逼迫"出一个全新的维度出来。有了这个全新的维度，生物体就可以最大限度地利用它内部褶皱的表面去吸收营养物质以使它自身的新陈代谢效率最大化。为什么生物体的规模法则中都存在那个神奇的数字"4"呢？这是因为所有生物体都像生活在一个四维空间中。

同样的道理，城市、人类组织，甚至在线社区中普遍存在的超线性规模法则背后也是不变的基础设施网络或社会关系网络。

早在 300 多年前，亚当·斯密就提出了"大头针工厂"之谜：在人们按照各自的角色社会分工之后，工厂整体的工作效率会远高于所有工人独自工作的效率之和。其实，社会分工和合作就是在形成人与人之间的交互网络。正是因为人与人之间的互动会随着人数的增多而呈现更快速的增长，才会出现普遍的超线性增长规模法则。

例如，如果社会中任意两个人之间可以发生随机联系的话，那么可能的连接数就会以人数的平方倍数增长，这已经体现了超线性的增长。只不过城市、在线社区等系统中的真实指数并非 2，而是大多介于 1~2 之间，这说明现实的人类并不会任意相互联系，而会受到各种各样的约束，从而使得连接数的增长快于线性增长而慢于平方增长。

圣塔菲研究所的路易斯·贝当古（Luis Bettencourt）等人的研究就指出城市中的人只能在道路这一"城市界面"上发生连接，故而城市中普遍存在 1.15 次幂规模法则。我与北京师范大学系统科学学院的李睿琪和王文旭等人，以及香港城市大学的吴令飞的研究表明，城市及在线社区的生长还受限于其生长的方式，即一个新成员的加入必须要与老成员相互邻近，于是给出了 GDP（国内生产总值）、创新等指标的 1.15 次幂规模法则的不同解释[①]。这里的邻近可以是真实的地理空间

---

① Ruiqi Li, Lei Dong, Jiang Zhang, Xinran Wang, Wenxu Wang, E.G. Stanley: Simple spatial scaling rules behind complex cities; *Nature Communications* 8, 1841 (2017), Jiang Zhang, Xintong Li, Xinran Wang, Wenxu Wang, Lingfei Wu: Scaling behaviours in the growth of networked systems and their geometric origins; *Scientific Reports* 2015, 5: 9767.

邻近，也可以是人们头脑中的兴趣空间邻近。

人工智能时代是否需要牛顿

然而，我们现在取得的成绩还远远不够。我们呼唤新时代的牛顿。

1601年的某天晚上，丹麦天文学家第谷·布拉赫（Tycho Brahe）撒手人寰，把自己长达20多年来积攒的行星运行数据留给了助手约翰尼斯·开普勒（Johannes Kepler）。经过20多年的探索，开普勒终于将这大量的数据总结提炼成精确的方程，即开普勒定律。又过了20年，牛顿站在开普勒、伽利略等巨人的肩上，提出了万有引力定律和牛顿运动定律。至此，经典力学革命爆发。牛顿力学与开普勒定律的本质区别在于后者的应用范围仅仅局限于太阳系，而前者的适用范围则包括了宇宙中的一切具备质量的宏观物体。这就是定律（law）与力学（mechanics）的区别。

"mechanics"在英文中不仅有力学的意思，而且包含了事物背后的运行机制和基本原理。我们今天所面临的局势很像当年开普勒所面临的。随着大数据的发展，我们已经积累了有关生物体、城市、公司的大量有价值的数据。克莱伯定律等规模法则的提炼则可以类比为开普勒的发现，这些实证规律清晰地向我们揭示了复杂系统背后的统一性和规则性。然而，再多的实证统计规律都无法与一条清晰、简单的力学原理相媲美。我们呼唤新时代的牛顿。

有人认为大数据、人工智能时代将不会再次重复牛顿时代的英雄故事，我们不需要理解事物背后的基本原理和因果关系，单纯地依靠大数据的模式挖掘就能解决所有复杂问题。物理学家出身的韦斯特却并不这样认为，"大数据时代更需要大理论"，他一针见血地指出了当前大数据、人工智能研究范式的弊端。如果没有对事物运行背后的力学机制的基本思考，我们就很容易误入歧途，浪费大量的算力。

这就是《规模》背后的基本精神和态度，追求至高无上的基本原理和逻辑框架，而不是随波逐流。它就像注入人工智能时代的一股清流。

企业与生命体

王小川

搜狗公司 CEO

什么是生命？我在 18 年前读过一本书《复杂》(*Complexity*)，其中给出了一个优雅但是冷冰冰的定义：第一句话，性状相对稳定；第二句话，能够自我复制。性状相对稳定，就是一种存在感。生命为了保持存在，会通过新陈代谢等各种方法维持自己；生命能够自我复制就是变成更多的存在。

按照这个定义，DNA（脱氧核糖核酸）和细胞虽然是生命的一部分，但它们本身就是生命。所以，生命之间是可以相互嵌套的，这是一个需要理性思考才能接受的道理。也就是说，生命并不神圣，它就是一种存在。我们用生命的视角观测一个人、一家公司、一个国家，甚至一个宗教，都可以发现很多共性：都有求生欲，有新陈代谢，有复制的动力。

认识到这些使我的世界观产生了很大的变化。嵌套的生命之间有什么关系，是谁去影响谁呢？在长达 18 年的探索过程中，我不断深化和理解"生命"这个概念，去看其中的规律。

企业和生命体具有高度相似性

我们经常用"基因"描述一家企业相似的组织行为和惯例，用"成长"和"进化"描述企业的量变和质变。这些词背后的潜在逻辑是，企业的生长与生命体息息相关。

我的理解是，企业就是生命体。从可观的产品到不可观的企业文化，所有的企业要素都可以被视为细胞、DNA、毛细血管，它们组成了一家完整的、时刻变化的、有血有肉的企业。

相比经历过几十亿年迭代的生命体，仅有几十年历史的企业就像一个婴儿，这也决定了企业并非一出生就携带生存本能和有效的免疫机制。因此，企业更应该向"生命体"学习，尤其是在今天这样的竞争更残酷、变化更高速的商业环境中。

因此，我向大家推荐《规模》这本书。在这本书我们可以看到，理论物理学家杰弗里·韦斯特将社会学、生物学、经济学等多重视角带入了规模效应的研究中，他认为生命在新陈代谢、遗传复制及与外界环境相互作用的过程中所展现出的几乎所有生理学特征和生命历程都主要由其规模决定。

我在做研究生课题时深刻体会到，我们从生命里看到的现象和一些因果表现不适于用还原论的方法来解释，也不能依靠简单的统计规律，而是要在复杂的因果网络中找到更本质的规律。这就是这本书试图从复杂系统和规模法则的角度回答的问题——生命和死亡、能量和物质的新陈代谢，以及规模法则、异速增长、组织和创新等。

这些既是生命体的要素，又是企业发展必须思考的方方面面。

企业与生命体的相似性：不同规模下的增长关系

长久以来，关于企业和生命体的讨论常见于商学院理论案例中，但缺乏更广泛的数据研究和更长远宏大的社会发展视角。我一直希望看到生命体与企业之间更深层、更本质的联系，以及企业作为个体在商业体、城市、社会等各个生态系统中所扮演的角色。

以前我曾将企业与人做比较，发现企业和人都有生命的属性：人有生存的欲望，企业也有；人体内有细胞的新陈代谢，企业内也有员工的流动；人会面临肥胖的问题，企业规模变大之后也难以避免结构的臃肿；人类会生育繁衍，企业也可以通过孵化子公司进行"繁殖"。此外，在变异、进化、衰老等问题上，我们都能发现两者相似的地方。

《规模》首次系统性地阐释了生物进化和社会进化规律之间的相关性，让我这些年的观察与思考获得了更多的印证和开拓。韦斯特的主要观点是，企业像生命体，它受到更多来自规模经济的主导——在生物学中，生物体停止生长，是因为能量的供应无法跟上细胞的维护需求；而在企业，总收入可被视为新陈代谢，支出则可被视为维护成本。韦斯特研究的是不同规模下两者的增长关系。

《规模》的结论稍显残酷，在某种程度上或许会令创业者感到沮丧——根据美国上市企业的大数据研究，无论何时上市，都会有一半的企业在10.5年内消失。被并购，是大多数企业消失的方式。

"正如所有生物体必须死亡以使新生物体绽放一样，所有的公司都必须消亡或改变，以使新的创新变种能够繁荣发展……这是自由市场系统的基础文化。"韦斯特写道。

韦斯特对企业死因的分析，和我多年来对创业企业的观察一致——企业发展规模与生命体高度相似，规模是企业寿命长短的决定因素之一。生命体会因规模大小而产生不同的代谢率和寿命，企业也是。以企业收入和支出的新陈代谢模型来看，如果一家企业的收支无法经受市场内在的持续波动及自身财务状况的波动，就可能消亡。

我将韦斯特的研究结论概括为，企业规模的增长开始相对快速，但随着企业规模的增长及维护支出转变为线性增长，增速便开始放缓。最初，年轻企业维护支出并没有随着规模扩大而迅速增加，得到的资本支持反而快速增长，但到了一定规模后，规模越大，维护支出越来越多，企业反而越脆弱。

生命的警示：是什么损害了企业的长久生命力

这让我开始思考搜狗的发展轨迹。搜狗是一家于2017年11月上市的年轻企业，并且是一家坚守长期价值的企业。韦斯特对企业发展初期受资本助推的判断并没有让我兴奋起来，相反，他对两个阶段的企业模型的阐释使我保持了足够的警戒心。

1. 白热化竞争导致企业的盲目发展

我对发展初期资本助推的理解是，我始终相信，企业不要过多参与特别白热化的竞争，这或许会让人盲目——竞争太激烈了，会让我们改变自己的基因，去做一些没那么善良或者说没那么针对未来发展的事情——通过"烧钱"拓展市场，并不能形成真正的价值，反而会损伤企业长久的生命力，因此应该更多地投入没有过度竞争、提高服务品质的事情中去。

2. 高度集权的企业管理，限制其持续发展

韦斯特解析企业的死亡原因让我感触更深。无数管理学著作写过，企业组织和文化是其长期增长的发动机。当韦斯特从将企业和城市作为生命体的角度去阐释时，更让人容易明白其中的重要性。

城市的维度可以不断增加，但企业有一条成长的抛物线。为什么企业增长不可持续呢？韦斯特对企业和城市的研究结论是，经营到一定规模的成熟企业，通常是高度限制的自上而下的组织，努力提高生产效率，降低运营成本，以实现利润最大化。与之相比，城市的发展则是创新而非规模经济霸权胜出的体现，因此城市中的权力没有固定的中心，分散于不同的组织机构，没有任何一个机构能掌握所有的事情。正因如此，城市低效、分散、灵活；也正因如此，城市能够容纳自由和创新，能够持续发展。

这就是企业管理的核心问题。自由的反面往往是规则。企业越大，越需要借力组织和规则，以期能以更高的效率取得更大的市场份额和利润的增加。

3. 流程降低应变能力，使企业僵化

我更倾向于靠人而不是流程来解决问题。企业作为一个生命体，其流程可视为一种基础的保险，面对时刻变化的环境，流程的应变能力比人差很多。作为一

个生命体，越来越多的规则、规定、协议和程序，必然会带来僵化。这就是韦斯特所说的过多的规则和流程会使企业变得不再灵活、更加僵化，由此无法对巨大的改变做出反应。

4. 低效的创新和研发，导致企业新陈代谢不足

同时，创新和研发都是低效的，但确是企业维持长期生命力的关键。到了某个时间节点，市场会鼓励企业继续沿用经市场考验行之有效的产品，但没有新领域和新产品的研究，企业新陈代谢就会不足。

这一点对企业更加致命。韦斯特发现，随着企业规模的增长，分配给研发的相对资源量会系统性地减少。这表明，随着企业的扩大，对创新的支持跟不上官僚和管理开支的增长。这是所有企业管理者都不想看到但多数人都难以避免的。

我们应该如何像管理生命体一样管理企业

能不能像城市一样，随着规模的增长，商业和经济行为不断扩大、不断多样化呢？我们应该如何像管理生命体一样管理企业？韦斯特告诉了我们企业的死亡原因，却并没有给我们太多建议。我们对企业与生命的思考不会止步于此。

我曾在管理中执行的几条原则，都是基于生命发展、新陈代谢的规律而制定的，也希望结合韦斯特的研究结果，分享给大家。

首先，生命都是开放的，都需要不断吸纳新能量，因此我鼓励员工更多地走出去，接触客户、同行、投资人，因为生命是需要不断与外界交换能量的。城市没有围墙，生命没有结界，企业也应当与最新鲜的信息保持同步。

其次，我希望企业减肥。正如韦斯特的研究结果，企业增长到一定规模后很容易体制僵化。因此，去流程化、控制规模很关键。臃肿的人事和冗余的流程，都会让新陈代谢变得负担重重。

最后，我希望企业成为一个包容的生命体。包容体现在容纳多样性上，也体

现在鼓励不同想法、创新点上。这里有一个让人迷惑的地方，许多所谓的激励方式，都会让企业更快地衰老，比如升职、加薪，这不是创新的动力。创新的动力在于创新本身。

我希望企业的每一部分都是一个独立的生命体。当企业规模扩大时，自我生长的速度能跟得上集体向上的速度，企业才能得到健康发展。要选择真正有能力、有动力的组织，给它条件跟着企业的步伐往前走，如果有一块出了问题，那也要像对待生命那样去改造它——慢慢地控制资源，如同控制癌细胞一样，让它停止生长。

我们实践过的方式是，通过孵化、团队建设等多种形式鼓励创新。比如，搜狗从2015年开始，每年都会有黑客马拉松大赛，让员工重新去想项目、组团队——打破固有组织链条和业务线的刚性，在内部形成自由市场，让新想法和活力像生命体内的血液一样四处流动。

正如韦斯特所言，初期，年轻企业因新产品和新市场而兴奋，随着企业规模的扩大，市场内在的反馈机制会导致其产品空间不断变窄，并不可避免地导致更强的专业化。他给出了非常悲观的判断：大多数企业都是短视的、保守的、不支持创新或风险观念的、乐于躺在功劳簿上的，这或许是好的做法，因为这能够确保短期收益。当企业意识到自己所处的状况时，通常都为时已晚。重新调整、彻底改造的成本越来越高昂。因此，当一场规模足够大、出乎预料的波动、变化或冲击到来时，企业便会陷入严重的危机之中。

但是，我相信现代管理者对创新和技术有了更充分的认识，也更能从一个生命体的角度去研究随时变化的、鲜活的企业，在细胞、毛细血管等微小的细节上让企业活得更有价值。

规模的硬规律

万维钢

科学作家、"得到"App《精英日课》专栏作者

《规模》将带我们进入一个难度系数稍微有点儿高、道理稍微有点儿硬的领域。要想读懂《规模》，我们就要钻研一种物理学家风格的思维方式，由此也会见识到这种思维方式带来的惊人结论。

这种思维方式在英文中叫"scaling law"，其中文可译为"规模法则"，它涉及一个概念：尺度。

尺度，是一个非常有物理学味道的概念。我以前读过一本书叫《智慧社会：大数据与社会物理学》，是一位计算机学专业的学者阿莱克斯·彭特兰（Alex Pentland）写的，这本书本质上就是用数据分析的方法研究社交网络。书名完全可以叫"社交网络大数据"，但是彭特兰居然敢称其为"物理学"。真正的物理学家看到这个书名，心里想的是，你还真敢用词儿啊。

什么样的研究才能算作"物理学"研究呢？至少得有基于数学的基本定律推导才行。大数据的结论都是基于经验的，是不可靠的。你得能找到底层的机制，你得有一个不可违反的定律，才配得上跟物理学类比。

规模法则，就是这样的理论。

别以为这个复杂世界纷纷扰扰、五花八门，你想怎样理解都可以。事实上，从生物体的寿命到公司成长的规模，再到城市的发展，都有一些不可违反的定律、不可逾越的界限。使用规模法则，我们就能发现这些定律和界限。

比如，现在很多人认为未来科技可以让人类的寿命大大延长，甚至实现永生。

这真的可能吗？如果人的生命界限仅仅是医学意义上的，比如××老年病限制了人的寿命，那也许将来这些病可以得到治疗，人的寿命就能延长了。规模法则会告诉你，人的生命界限，在基本的生物框架范围之内，其实是由数学决定的。

数学，你能违反吗？同理，一家公司的规模也不可以任意做大，大到一定限度就不能再大了。这背后也是数学，也是规模法则。

谁要想突破这两个界限，就必须先解决规模法则揭示出来的底层逻辑。底层逻辑不变，规模法则的结论就是你的宿命。

规模法则对物理学家来说是一种非常基本的思维方式，我们《精英日课》专栏以前发布过一篇文章《一个大尺度的话题》，说的就是这种思维方式。韦斯特这本书可不一般。

韦斯特曾经担任复杂性理论的圣地——圣塔菲研究所的所长，他本人就在规模法则方面做出了特别突出的贡献。

原本物理学家只是使用规模法则研究物理问题，而韦斯特把这种方法用在了生物学、社会科学和经济学上。一旦用上规模法则这个武器，你就会有很多新发现。这种方法既是基本的，又是高级的。

韦斯特已年近80了，我们非常幸运，他把这种规模法则的方法和卓越见识写成了一本给"聪明的外行"看的书。

这本书既能让你见识一点儿世界的底层逻辑，了解一点儿物理学的"套路"，又能治疗某些流行的妄想。

下面咱们一起来钻研这个来自物理学家的"大杀器"。

物理学祖师爷的洞见

从书名你就能看出来，《规模》是一本跨界的书。这本书妙就妙在，虽然跨了许多领域，但是其背后有一个一致的，甚至可以说是简单的底层原理。这个底层原理可以用一个简单的数学公式表示，而知道怎么应用这个原理，则是物理学家的功夫。

全书最根本的思想，就是世间万事万物通常都不能按照简单的线性比例缩放。

最早提出这个思想的，正是"现代物理学之父"——伽利略。早在1638年，伽利略出版了一本书叫《关于两种新科学的对话与数学证明》，其中就讨论了尺度问题。

比如，这儿有一棵树，你可能会问一个自然的问题，这棵树能不能按比例越长越高、越长越粗，以至无限长下去呢？

伽利略不需要知道树的化学成分是什么，也不需要了解关于树怎么生长的生物学知识，他就可以告诉你，不能。

你只要学过简单的几何学，就知道树的体积和重量是与树的尺寸的立方成正比的。由于同样的材料只能支撑同样的压强，所以树的支撑力量是由树的横截面面积决定的，即与树的尺寸的平方成正比。

如果树的高度增长至原来的10倍，那么它的体积和重量将会增长至原来的1 000倍，而它的力量只会增长至原来的100倍。也就是说，它要用100倍的力量去承担1 000倍的重量，它的负担更重了。这么一直长下去，早晚会有一个时刻，树将会承担不了它自身的重量。

所以，你不能按相同比例持续放大。一般特别重的生物，腿就必须与其身体不成比例的特别粗才行。伽利略早在400年前就想明白了这个道理，但是直到今天这个道理也没有普及开来。

比如，电影《哥斯拉》中的哥斯拉是一只庞然大物，它一只脚的高度就超过一幢大楼的高度。

因为韦斯特用规模法则研究生物体已经久负盛名，《哥斯拉》美国版电影上映之前，就有记者问韦斯特能不能推测哥斯拉的移动速度应该是多少。韦斯特说，别的都不用算了，首先这么大的动物就不可能存在，因为它会被自己的体重压垮！

规模法则是个看似很简单的武器，我们《精英日课》专栏以前也讲过，但是韦斯特的研究和《规模》这本书把这个武器用到了极致，可以说是大杀四方。为了理解这一切，我们首先需要把数学说清楚。

1. 数学

当年霍金写《时间简史》的时候，出版商跟他说，你书中每出现一个数学公式，都会让销量减少一半。不出现公式已经成了英文世界通俗科学写作的一个约定俗成的规矩。

可是这本书不用公式不行啊。韦斯特的做法是不直接给公式，而是用语言去描述公式。咱们干脆反其道而行之，先来看一个公式。你不需要鼓足勇气就能看懂下面这个公式，连初中生都能看懂：

$$Y = cX^k$$

Y 等于 c 乘以 X 的 k 次方。其中，c 是一个不重要的常数。这个公式是说，Y 和 X 的 k 次方成正比。物理学家有时候会把这个说法写成更简洁的形式（读作"Y 正比于 X 的 k 次方"）：

$$Y \propto X^k$$

这就是贯穿全书始终的公式，物理学家称之为"标度律"。其中这个作为幂指数的 k，决定了整个系统的性质。

如果 $k = 1$，那就是线性关系，你可以按照简单比例缩放，X 增长一倍，Y 也增长一倍；如果 $k > 1$，那就是超线性（superlinear）关系；如果 $k < 1$，那就是亚线性（sublinear）关系。

这基本上就是你在这本书中需要的全部数学知识。

例如，面积是与长度的平方成正比的，体积是与长度的立方成正比的，那么你就可以推导出来，面积是与体积的 2/3 次方成正比的。对生物体来说，我们又知道，它的重量是与体积成正比的，而力量是与面积成正比的，也就是说，一个生物体的力量是与它体重的 2/3 次方成正比的。$k = 2/3$。

这是可以验证的。化学家 M. H. 利兹克（M. H. Lietzke）就用 1956 年奥运会举重比赛的成绩验证了伽利略当年提出的这个尺度关系。

举重比赛是按照体重分级的。利兹克把每个级别的金牌成绩和运动员的体重放在一起，画了一张图。这张图是用对数坐标来画的。

为了理解这张图，咱们还是回到刚才那个公式。对公式两边取个对数，就是：

$$\log Y = \log c + k \log X$$

这意味着在对数坐标图上，Y 和 X 的关系曲线应该是一条直线，而这条直线的斜率就是 k。这正是利兹克看到的！

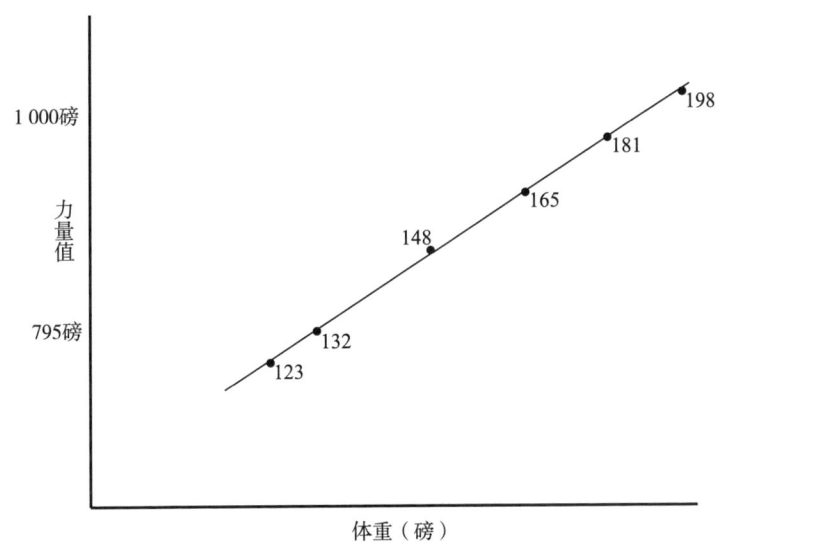

举重冠军的力量与其体重的关系

咱们看这张图，体重和成绩的对数关系正好就是一条近似的直线。利兹克算出这条直线的斜率是 0.675，非常接近理论值 2/3 = 0.667。奥运会举重比赛的成绩几乎完美地符合力量正比于体重的 2/3 次方这个定律。

因为这个定律中的 k = 2/3 是小于 1 的，所以相对于体重的增长，力量的增长速度是比较慢的。这就意味着越小的东西反而看上去越有力量。

蚂蚁非常小，但是它可以背起比自身体重重很多的东西。小蜜蜂的活动频率远远高于人类。伽利略当时就说了，一只小狗能背起两三只与它体重相等的小狗，但是一匹马就驮不起一匹与它体重相等的马。

作为孩子家长的我对此深有体会。大人已经很累了，孩子仍然在不知疲倦地跑来跑去。这并不是说我们应该向孩子学习什么"积极向上的精神"……根本原因在于孩子体重轻，他们的相对力量更强。

好，道理讲明白了，现在咱们考虑两个应用。

2. 为什么要造大船

以前的人造船只是胡乱摸索，一直到英国工程师布鲁内尔（Brunel）考虑了尺度分析，才意识到应该尽可能地造大船。

布鲁内尔是这么想的。船的载货能力是由船的体积决定的，与船的尺寸的立方成正比，而船在水面上受到的水的拖曳力，则与船底的面积成正比。也就是说，船要克服的航行阻力，是与船的载货量的 2/3 次方成正比的——如果你需要把载货量增加到原来的 10 倍，那么你只需要原来 4.6 倍的动力就可以了。

船越大，每一吨载货量需要的动力就越小。这是最基本的规模经济！这就是为什么现在的货轮和油轮都尽可能地往大了造，越大越好。简单的尺度分析就能告诉你这个道理。

当然，大船的工程力学与小船很不一样。一开始人们并不知道怎么造大船，后来人们发现，船在水里的运动特征是由所谓的"弗劳德数（Fr）"决定的。把公式写出来：

$$\text{Fr} = \frac{U^2}{gL}$$

其中 U 是船速，g 是重力加速度，L 是特征长度。这个公式有什么用处呢？有了它，你就可以在水槽里研究大船。你可以先做一个模型，而公式告诉你，你模拟的船速应该与模型尺寸的平方根（也就是 1/2 次方）成正比。换句话说，如果你要模拟一艘 700 英尺①长、行驶速度为 20 节的船，那么你只需要做一个 10 英

---

① 1 英尺 ≈ 0.304 8 米。——编者注

尺长、行驶速度为2.5节的模型，就可以在实验室里研究了。风洞实验就是这个原理，这还是由规模法则决定的。

3. 药物剂量和体重

如果你家有小孩，你会注意到小孩吃的药，说明书上建议的剂量都是根据体重来定的。如果你仔细看，就会发现建议的剂量往往是与体重成正比的。

韦斯特不是医生，但是他告诉我们，所有这些煞有其事的剂量指导都是错的。药物剂量根本就不应该与体重成正比。

韦斯特是这么考虑的：药物剂量应该由代谢率决定，而如果你考虑到生物体的能量网络传播，代谢率是与生物的面积而不是体积成正比的。也就是说，药物剂量应该与体重的2/3次方成正比。

那韦斯特说的有道理吗？比生物学家可是有道理多了。

我们知道，LSD（麦角酸二乙基酰胺）是一种致幻剂，算是一种毒品。1962年，有人想研究LSD对大象的影响。他们要给大象注射LSD，但是不知道该注射多大剂量。

当时已知猫使用LSD的安全剂量是0.1毫克，而猫的体重是1千克。大象的体重是3 000千克，研究者认为剂量应该与体重成正比，就决定给大象注射300毫克的LSD。结果只过了一个多小时，大象就死了。

这项研究居然发表在了顶级期刊《科学》（*Science*）上。在韦斯特看来，这是一个非常愚蠢的错误。根据 $k = 2/3$ 的标度律，大象的安全剂量应该是21毫克！

所以我在想，儿童用药的剂量表该有多么不靠谱！好在医学是个允许估算的学科，感冒药的用量其实差几毫升没什么太大关系。$k=2/3$ 的剂量指导只是韦斯特的一个推测，现在还没有更准确的理论——而我们看到，这个理论已经比生物学家心目中那个简单的正比关系精准多了。

你是不是感觉见识到了数学的厉害？小学生学数学，各种场景稍微变一下，公式还是那个公式，这就是数学应用题。那什么是物理学呢？物理学是在一个完全不同的领域，场景已经产生很大变化了，但是你还能看出它背后有一个相同的数学规律。这个发现内在数学机制的洞见，就是物理学。

从 400 年前伽利略的一个洞见开始，标度律可以用在建筑物上，可以用在船上，可以用在人体上。你可以把奥运会举重冠军的成绩拿过来画成图，会发现跟伽利略的洞见严丝合缝。

这就是为什么物理学家总是这么牛气，感觉整个世界的规律尽在自己的掌握中。这也是为什么物理学能吸引这么多人为它献出青春。

身体里的分形

接下来，我们要了解有关生物体的规模法则。这是韦斯特本人非常得意的一个成果，理解了这个成果，你就能继续理解生物体的生长和衰老，以及后面要讲的公司和城市的规模问题。

据说数学家安德鲁·怀尔斯（Andrew Wiles）在证明了费马大定理之后，告诉别人说如果要去一个荒岛住几天，他可以什么都不带，只带上自己的那份证明——因为费马大定理的证明里面包含很多现代数学的奇思妙想，适合经常拿出来欣赏和把玩。韦斯特的这个成果，也有点儿这个意思。你要是理解了，没事儿琢磨琢磨，是一种精神享受。

在有限的篇幅内，我并不能把所有生物学和数学的细节解释清楚，只能大致解释一下其中的逻辑。我们默认作为读者的你是一个外行，而且是一个"聪明的"外行，这样你就好像球迷看球赛一样，也能领悟一点儿门道。

接下来，我们还有一项高级任务。有一个特别流行的数学概念叫"分形"——现在，我们要学习怎样量化计算分形的"维度"。

1. 生物学的神秘数字"4"

生物学里有个概念叫"基础代谢率"，意思是维持一个生命体所需的最低能量消耗。比如，一个人一天除了吃饭外什么都不做，把能量消耗降到最低，那么他维持生命需要摄入的食物热量大概是 2 000 卡路里，这就是人的基础代谢率。这个能耗相当低，也就相当于一只 90 瓦的电灯泡。

生物学家考察了不同大小的各种生物，发现它们的基础代谢率基本上只和体重相关。对这件事做系统研究的第一人是生理学家马克斯·克莱伯（Max Kleiber），他在 1932 年发表了一篇论文，发现生物的基础代谢率与体重的 3/4 次方成正比。

后人又陆续调查了各种生物的基础代谢率，从最小的单细胞生物和细菌到最大的大象和鲸，体重横跨 27 个数量级，也就是说，其中最大的生物的体重是最小生物的 10^{27} 倍。结果，它们都满足这个 $k = 3/4$ 的标度律。

下面这张图，是其中一部分结果。

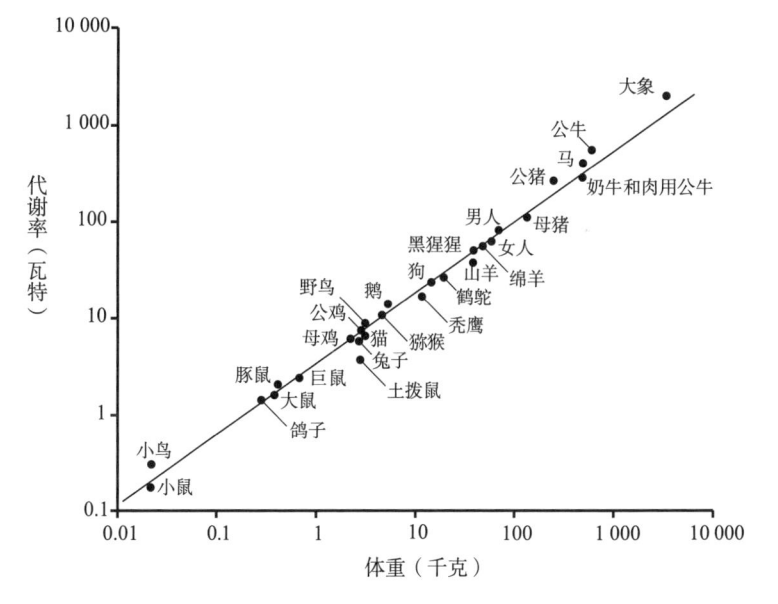

动物代谢率与其体重的关系

在对数坐标图上，各种动物大致排成一条直线。这条直线的斜率是 3/4：基础代谢率正比于体重的 3/4 次方。

大象的体重是老鼠的 1 万倍，而大象的基础代谢率只有老鼠的 1 000 倍。说白了，就是体重轻的动物吃很多东西但是不长肉；体重重的动物的单位体重能耗反而更少。

后来，生物学家又发现了好几十个类似的标度律，比如，脑容量与体重的 3/4 次方成正比——体重越重，脑容量越大，但是体重长得比脑容量快；心率与体重的 –1/4 次方成正比——体重越重，心率越慢；寿命与体重的 1/4 次方成正比——体重越重，寿命越长……

总而言之，就是什么都是由体重决定的（幸好智商不完全是由体重决定的），你只要告诉韦斯特一种生物体的普遍体重是多少，他就能告诉你它的生长速度、寿命、各种速度大概是多少。

所以，你要幻想一只怪兽不能随便幻想。冥冥之中，生物界有这么一些定数。

问题来了，3/4 也好，1/4 也罢，这些数字是怎么来的呢？为什么分母都有一个"4"呢？多年以来，生物学家只是通过统计方法得知这些标度律的存在，但是没有人知道为什么会是这样。

物理学家韦斯特出手，跟两位生物学家合作，把这个问题解决了。

其实前面说的各种指标互相之间都有联系，所以你只要能解释其中一个"4"，你就解释了所有的"4"。那这一个"4"是从哪儿来的呢？

我们上一讲中用到了很多 k =2/3 的标度律，其中那个"3"是怎么来的很清楚——因为空间是三维的，体积是长度的立方。那生物体的标度律既然有个"4"，是不是说明生物体中有什么东西是四维的呢？

没错，三维空间中，也会有四维的东西。这就是分形。

2. 分形的维度

如果你是科学爱好者，你肯定早就听说过"分形"了。简单地说，分形结构就是你把一个东西的局部放大，发现它和它的整体很相似，再把局部的局部放大，又和局部很相似，我们可以这样一直对比下去，这就是"自相似"。海岸线、树杈、树叶都具有分形的特点。下图是一片叶子的分形。

一片叶子的分形

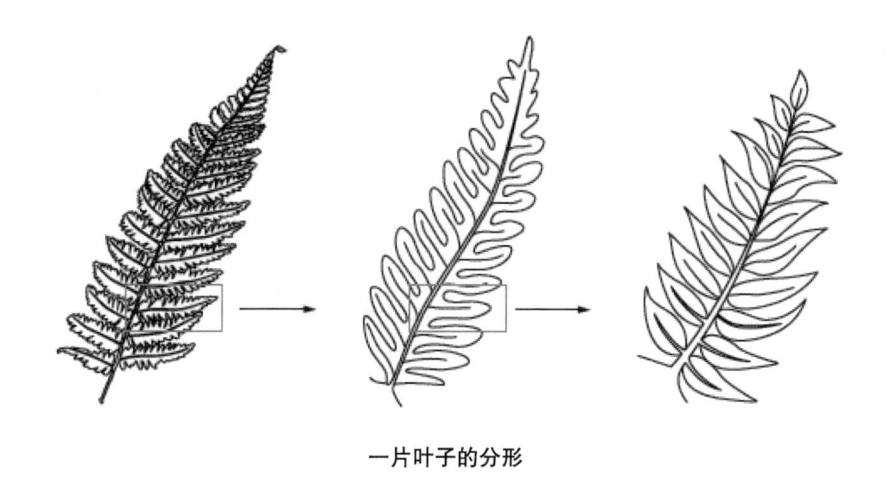

从中选择一个局部放大，也像一片叶子。再来看一个抽象但是严格的分形。

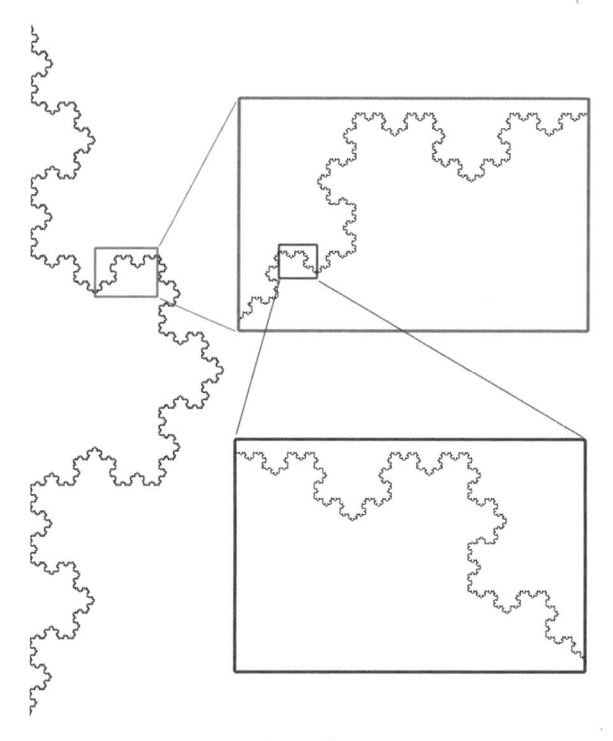

分形示意图

这条想象中的曲线的任何一部分都是一样的形状，不管你怎么放大都一样。这条曲线叫作"科赫曲线"（Koch curve），它的生成方法如下。

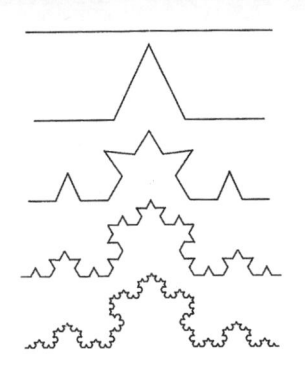

科赫曲线的生成方法

先取一条直线,把它三等分,然后在中间的线段向外突出一个三角形。对新产生的每一条边再做如上操作,以此类推,以至无穷。

这就是最基本的分形概念。现在我们要做的是测量分形的"维度"。为此,咱们先看看"正常"形状的维度是怎么算出来的。

看下面这个示意图。把一条线两等分,你就得到两条线。把一个正方形的边两等分,你就得到 4 个正方形。把一个立方体的边两等分,你就得到 8 个立方体。其中的 4 和 8,分别是 2 的 2 次方和 2 的 3 次方。这个 2 和 3,就是正方形和立方体的"维度"。

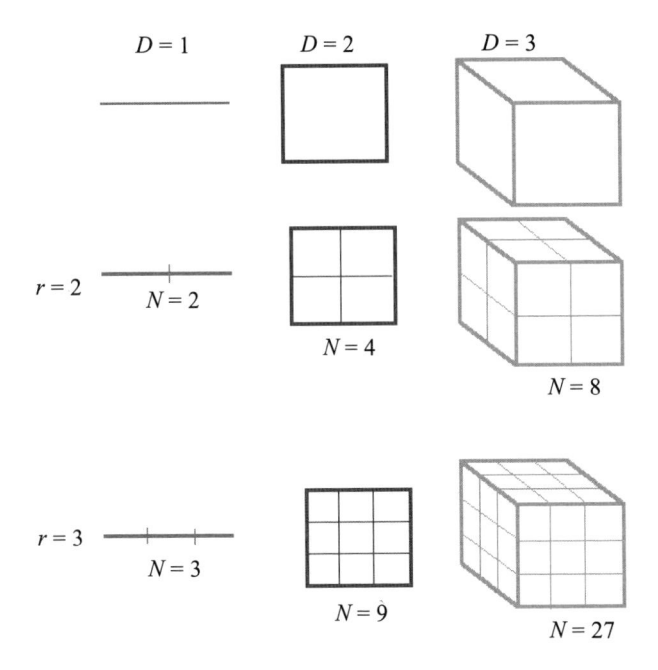

正方形和立方体的"维度"

现在咱们把这个概念推广一下。以此类推，如果你把一个东西的边分成 r 等分，你就得到了 N 个小东西：

$$N = r^D$$

这个 D 就是维度。正方形的 $D = 2$，说明它是二维的；立方体的 $D = 3$，说明它是三维的。反之，取个对数，我们也可以说：

$$D = \frac{\log N}{\log r}$$

这就是计算任何图形的维度的公式。那咱们来算算前面那个科赫曲线的维度是多少。注意，这不是一条平常的曲线，这是一条想象中的、细节无限可分的曲线。

科赫曲线的维度

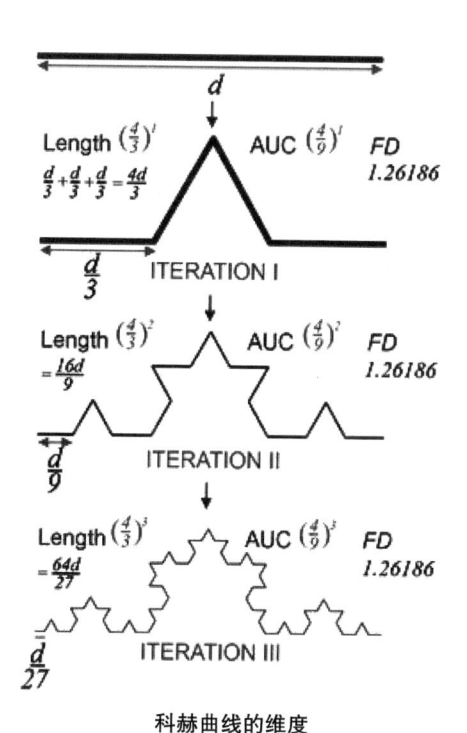

按照最基本长度的1/3为一段分段，横向分3段的话，这条曲线的长度是4段，

相当于上图中第二条曲线。按照长度的 1/9 分 9 段，曲线的长度是 16 段，以此类推。也就是说，$r=3$，则 $N=4$；$r=9$，则 $N=16$；……注意，r 和 N 的变化是这么一直以乘方的形式变的，而取对数再做除法，所有的乘方就都被消除了，所以维度永远都是：

$$D = \frac{\log N}{\log r} = \frac{\log 4}{\log 3} = \frac{\log 16}{\log 9} = \cdots\cdots = 1.26$$

这就是分形特殊的数学性质。一般的线都是一维的。科赫曲线明明是一条线，但因为它是一条特殊的、中间有无限细节的线，它居然不是一维而是 1.26 维的！

这个结果就是说，分形可以增加维度——出现了分数维，所以才叫"分"形。

我们再看一个更特殊的情况。把科赫曲线中那个三角形的夹角无限缩小，直到变成中间突出的一条线段，这么一直分形下去是什么结果呢？是下面第四幅图的样子。

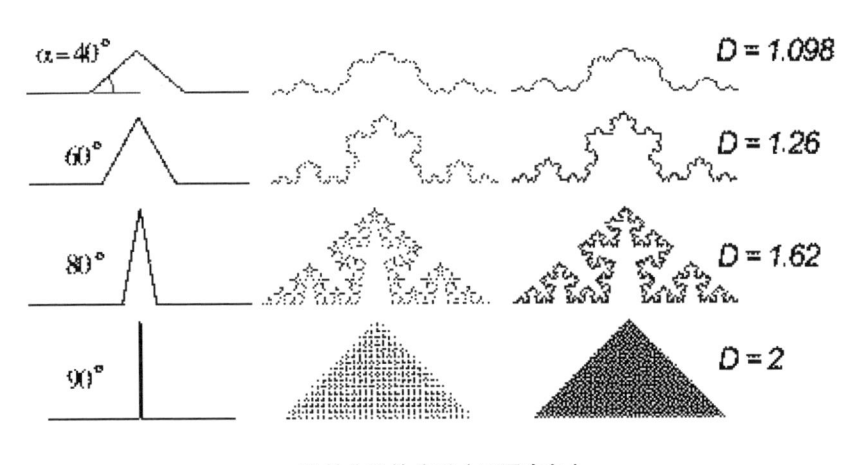

科赫曲线的分形（不同夹角）

这条特殊的科赫曲线布满了它所在区域范围内的整个平面！相应的维度为 2。也就是说，它已经不再是一条"线"了，它已经变成了一个"面"！

当你把一条线铺满整个平面时，它就多出来了整整一个维度。这是今天分形告诉我们的最重要的消息。

3. 血管是个分形结构

韦斯特的关键思想,就是生物体内的能量输送网络(对哺乳动物来说是血管,对植物来说是维管系统,等等)是个分形结构。

具体细节就不讲了,我大致总结一下韦斯特和合作者的思路。首先,不管是多大的哺乳动物,它的血管都必须满足以下3个条件:

第一,血管要填充生物体内的每个地方。这是因为每个细胞都需要氧气和血液。从心脏出来是很粗的主动脉,终端则是遍布全身的毛细血管。

第二,不管是多大的动物,其终端毛细血管的直径都几乎是一样长的。这是因为不同生物体的细胞差不多是一样大的。这就好比不管城市多大,不管你家住的楼多高,进入你家网络终端的电源插座都是一样大的。

第三,血管在生物体内的布局应该已经是最优化的。这是进化的功劳,每个动物的血管都既要给全身充分供血,又不能扭来扭去走很多弯路,得使心脏用最小的动能就能把血液输送到每个毛细血管终端。

这3个条件,表面上说的是血管,其实说的全都是数学,你可以把它想象成任何一个遍布系统的管道,原理是通用的。

好,根据这3个条件,我们可以推导出血管的一些性质。

第一个性质是每当血管要分叉,也就是一分为二的时候,两根支线血管的横截面面积之和要正好等于干线血管的横截面面积。这是因为如果两者不相等,血液流动就会有反弹力,就会有能量损失,就不是最优化的了。不仅仅是血管,植物的茎、树干也是这样,而且这个现象达·芬奇早就观察到了(见下页达·芬奇手稿)。

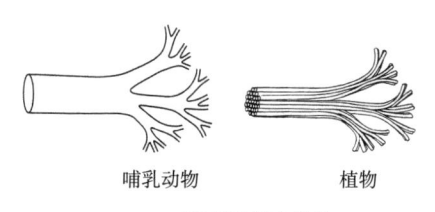

哺乳动物　　植物

等面积分支结构

达·芬奇笔记中关于等面积分支的记载

如果每次分叉时两个支线血管都是一样大的，干线血管的半径应该就是支线的$\sqrt{2}$次方倍。

不过，对毛细血管来说，因为已经感觉不到心脏跳动的波动，出于某个流体力学的原因，主干毛细血管的半径是分支毛细血管半径的$\sqrt[3]{2}$次方倍。

第二个性质是为了让血管铺满整个身体，每次分叉的时候，支线的长度都会越来越短：干线的长度是支线长度的$\sqrt[3]{2}$倍，这也是数学优化的结果。

根据前面这两个性质，特别考虑毛细血管，再考虑到血液总量应该与体重成正比，整个标度律就可以推导出来了。具体的计算细节，韦斯特没在书中描述，咱们也不用过多思考，因为韦斯特还提供了一个更直观的解释。

考虑到前面两个性质，血管其实是一个分形结构。每一次分叉，干线血管看支线血管，就好像下一次分叉时这个支线血管看它的支线血管一样。

这么一直分形到终端，毛细血管要"布满"全身所有地方。这一布满，就意味着这个分形整整多出了一个维度——和前面我们说的那条布满平面的线一样。原本三维的血管，因为分形结构，实际上相当于是四维的了。

血管分形结构的维度是 4。4 就是这么来的。

如果忽略所有细节，这一节的内容你只需要记住两点：

（1）生物体有各种标度律，而这些标度律的指数都有一个分母 4。

（2）这些标度律，是因为生物体内输送能量的管道网络如血管是一个分形结构。

我们经常说这个是分形，那个是分形，很少有人问自然界的分形结构都是怎么产生的，连分形理论的创始人 B. B. 曼德尔布罗（B. B. Mandelbrot）似乎都不关心，人们好像只是在欣赏分形图案。韦斯特这个理论，才算是找到了产生分形的一个机制，而且让分形数学有了具体的应用。

有了这些知识，我们就可以进一步了解人的生长和寿命限制了。

寿命的定数

经过上一节的理论准备，我们就可以用生物体的基本标度律来推导两个关键问题了，一个是生长，另一个是衰老。

这两个问题似乎应该牵扯一大堆生物学知识，但起决定性作用的其实是数学知识。

坏消息是，不管科技怎么进步，人的寿命都几乎不可能显著延长。你不需要特别复杂的推导就能理解这一点。今天所有的理论推演基本上只需要一个预备知识，就是我们上一节的结论：

$$代谢率 \propto 体重^{3/4}$$

1. 生长

为什么所有动物都是长到一定程度就不长了呢？小孩起初长得很快，成年以后就不再长高了，最多也就再长胖点儿。韦斯特说，这完全可以用数学知识来解释。

生物获取的能量中，一部分被用于长得更高、更大，另一部分则被用来维护现有的身体。不同动物的体重千差万别，但是单个细胞的大小都差不多。生成一个新细胞和维护一个旧细胞要耗费的能量是固定的。所谓体重大小，无非就是细胞个数的多少。

所有的细胞都需要维护，所以你在维护方面要耗费的能量与你现有的细胞个数成正比，也就是与你的体重成正比。

我们知道，新陈代谢带来的总能量，也就是代谢率，是与体重的3/4次方成正比的。正如上一节所说，随着体重的增长，你吸收的能量虽然也在越长越快，但是其增长速度跟不上体重的增长速度。说白了，就是等着吃能量的细胞越来越多，供应的能量越来越跟不上了。

那么早晚都会出现一个时刻，不管你吸收多少能量，会全都被用在系统维护上。那时，你就没有多余的能量去进一步增长，生长就停止了。

上面这个过程可以用一个简单的数学模型来描写。其计算结果与动物生长的实际情况非常吻合。下面是天竺鼠和母鸡的理论生长曲线和实际情况的对比。

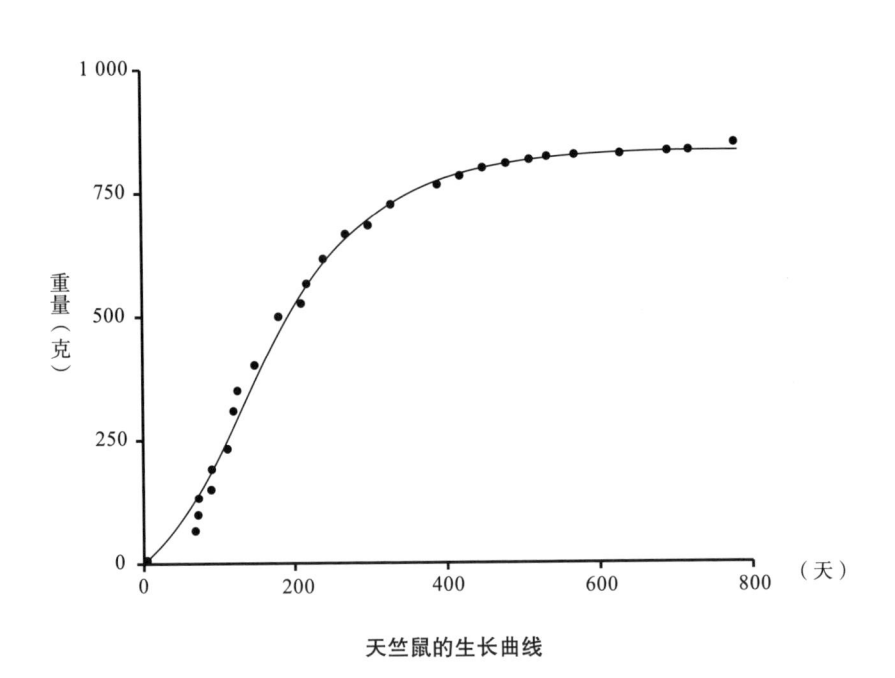

天竺鼠的生长曲线

母鸡的生长曲线

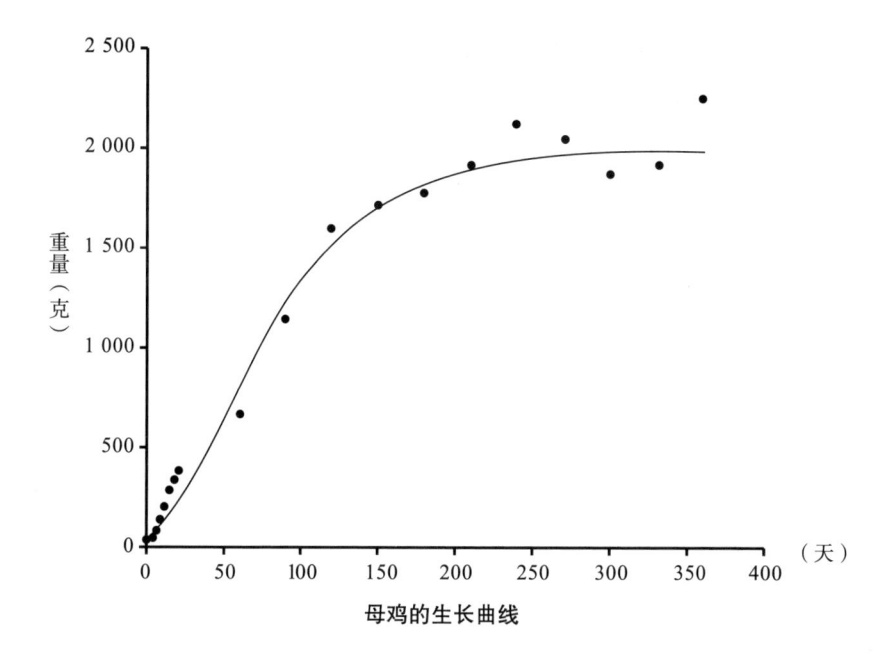

刚出生的小动物几乎所有吸收的能量都用在生长上了，随着它越长越大，用在维护方面的能量就越来越多，留给生长的能量就越来越少，最后就是全部能量都被用来维护，生长就进入了平台期。

韦斯特还考虑了两种特殊情况。

一种情况是肿瘤。因为肿瘤是寄生在身体上的组织，它的新陈代谢能力并不完全是由自身重量决定的，所以肿瘤能吸收更多的能量，会长得更大。

另一种情况是树。为什么树能越长越高呢？因为树长大之后，树干的某些部分会变成枯枝，枯枝中的细胞已经死掉，不需要再维护了，而这些枯枝也能给树提供支撑力量。也就是说，树占了免费枯枝的便宜。

不过标度律只能算出不同动物生长的共性。为什么有些动物就能长得特别大，有些人就能长得特别高呢？动物个体之间的差异是由什么决定的呢？韦斯特没有阐述这些问题，但按照他的思路走，我理解，应该是遗传基因决定了一个生物"最初"的能量获取能力，而这个能力，又决定了它成年以后的体形大小。

2. 疾病可以避免，但是衰老……

现在"抗衰老"是个热点，有不少科学家在做这方面的研究，希望能大幅延长人的寿命，而很多人对此都持乐观态度，特别是一些富豪在资助这种研究。既然科技几乎无所不能，延长寿命应该也能做到吧？

韦斯特认为，只要我们冷静地研究一下数据，就会发现虽然过去这么多年来医学越来越发达，但是人的寿命其实从未得到大幅延长。

过去的人均预期寿命短，并不是因为人不能长寿，而是因为过去婴儿死亡率特别高。如果排除掉夭折的婴儿，那即使是在古代，人也能活到挺大岁数。

对一个生活在1845年的人来说，如果他已经活到25岁，那他的预期寿命就会是62岁，这的确不如今天，因为有些疾病当时治不了。如果这个人幸运地躲过了各种疾病，已经活到了80岁的话，他的预期寿命将是85岁；今天，如果一个人已经活到80岁，今天的医学可以平均让他活到89岁。他只比1845年那个人多活4年而已。

如果1845年有个百岁老人，那他预期还能再活1年零10个月；而今天的一个百岁老人，预期也只能再活2年零3个月。

人类的寿命上限，从未真的得到过提高。

韦斯特认为，人的最高寿命上线应该是125岁。医学再怎么进步，125岁也是一个不可逾越的界限。咱们来看一幅图。

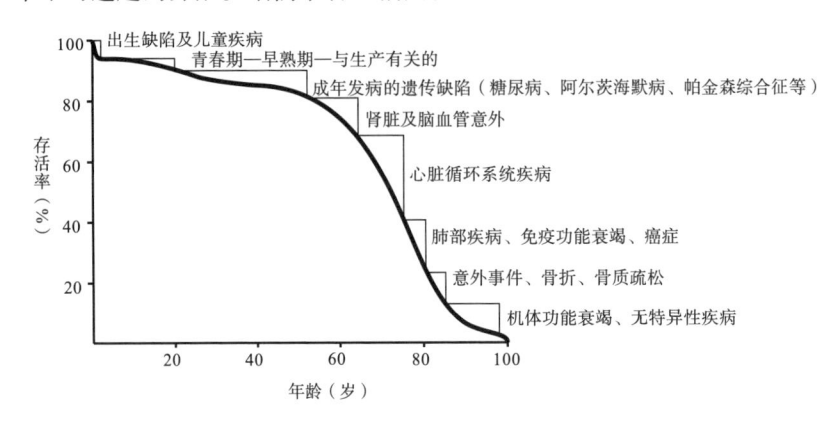

人类死亡的主导因素

这幅图说的是各个年龄段的人死亡的主导因素。年轻人和中年人死亡，多是因为遗传和各种意外疾病；六七十岁的人死亡，多是因为心血管之类的老年疾病；80多岁的人死亡，多是因为骨质疏松等导致身体脆弱再遭遇摔倒之类的意外事件；再往后，90~100岁的人死亡，就不是因为什么具体的疾病或者事件了，而是因为整个身体机能的衰竭。

换句话说，哪怕我们把所有的病都扛过了，人还是得死。再看下面这张表。

如果某种疾病得到彻底治愈，预期寿命的预计延长量

死因分类	死因消除后预期寿命的预计延长量（年）
心血管类：所有心血管疾病	6.73
癌症：恶性肿瘤，包括淋巴和骨髓组织肿瘤、艾滋病等	3.36
呼吸系统疾病	0.97
意外事故及"副作用"（医院感染引起的死亡）	0.92
消化系统疾病	0.46
传染病和寄生虫病	0.45
枪支引发的死亡	0.4

如果所有心血管疾病都能被治愈，人的预期寿命能够延长 6.73 年。如果医学特别发达，干脆把癌症都给彻底解决了，或者说干脆就没有癌症了，人的平均寿命只能延长 3.36 年而已。

为什么呢？因为死于癌症的大部分都是老人。就算不得癌症，他们也老了。

死亡的终极力量不是疾病，而是衰老。

衰老，是可以用数学计算的。

3. 寿命的公式

衰老的根本原因是细胞受到损伤。损伤有各种情况，这里我们特别强调一点，就是在终端毛细血管和细胞之间的磨损。

血液供给到细胞的过程中有一个黏滞力，会对毛细血管产生物理上的磨损。

只要血液在流动，就存在这种磨损，就好像轮胎一样，只要你开车就有磨损。

可惜人体不是汽车。汽车轮胎磨损严重后可以换轮胎，至少方向盘还是好的。对人体来说，毛细血管遍布全身每个角落，损伤发生在全身的每一个地方。磨损的结果不是一个零件坏了，而是身体所有零件都磨损了，是各项机能全面下降。

下面这幅图是人的几项身体机能随年龄的变化。

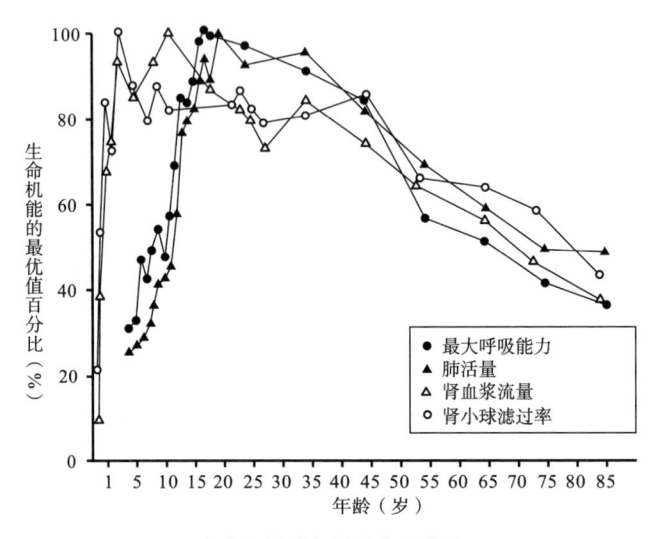

生命机能随年龄变化而衰退

从图上看，肾功能在10岁左右就达到巅峰，其他几项机能达到巅峰是在20岁左右。巅峰水平也就能维持到35岁左右，从此就是走下坡路。过了40岁，各项机能就以同样的速度在下降。

为什么会是同样的速度？因为衰老。因为毛细血管的损伤是全面的。

据此我们可以估算一下寿命。

首先，损伤是因为新陈代谢在毛细血管里传输能量导致的磨损，所以损伤率是与代谢率成正比的。既然代谢率与体重的3/4次方成正比，那么损伤率也是与体重的3/4次方成正比的。

其次，我们假设一个生物体全身细胞损伤到一定比例，它就要死亡，这就是寿命上限。不管这个比例是多少，它都与体重成正比。

据此，

$$寿命 = \frac{损伤细胞总数上限}{损伤率} \propto \frac{体重}{体重^{3/4}} \propto 体重^{1/4}$$

这就是为什么生物的寿命是与体重的 1/4 次方成正比的。

所以,总体来说,动物体形越大,寿命就越长。根本原因就在于大型生物身上的细胞比较多,其损伤速度相对来说较慢,能够维持较长的时间。当然这只是一个大致的规律,寿命还和生活水平、医疗条件等各种因素相关,比如人的寿命就通常比大象长。

而且,这也不是说人越胖越长寿,长胖只是脂肪多,你得各种细胞都多才行。

那有什么办法能够延长寿命吗?

4. 延长寿命的两种方法

代谢率越低,寿命就越长。代谢率是正比于体重的 3/4 次方的,但它还受到其他因素的影响。

一个因素是温度。化学反应与温度有一个反比的指数关系,具体公式我们就不写了,总之是温度越高,化学反应的速度就越快;化学反应速度越快,代谢率就高。

所以,为了长寿,你需要低温的环境。韦斯特说得比较极端,他说现在全球变暖,如果全球平均温度提高 2℃,那对所有生物都是一种威胁,因为代谢率都提高了,寿命都会缩短。

我觉得这话有点儿夸张。如果你真的很在意温度对代谢率的影响,那你就应该去一个气候比较冷的地方生活。对此韦斯特没有提供什么证据。不过,我还真找到一个统计图[1]表明生活在寒冷地区的人平均寿命的确更长一点儿。

---

[1] https://joshmitteldorf.scienceblog.com/2013/02/25/cold-temperature-and-life-span-its-not-about-the-rate-of-living/.

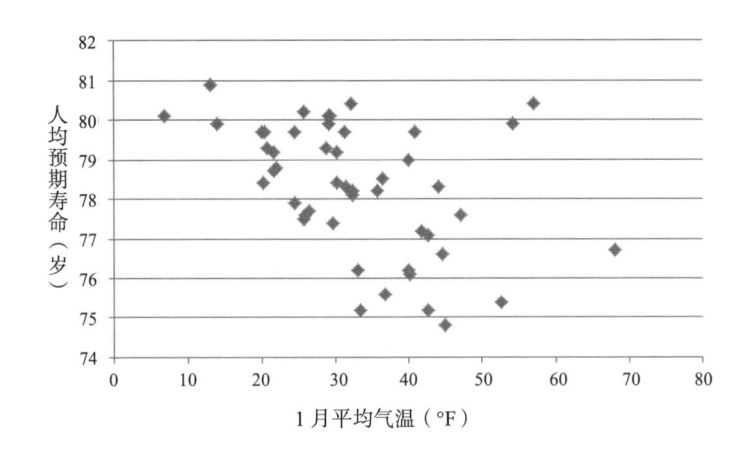

1月平均气温和人均预期寿命的关系

我觉得这个效应不算大，毕竟哺乳动物是恒温动物。韦斯特说："如果你能人为地把体温降低1℃，你的寿命就能延长10%~15%……"但是，要想通过降温长寿，你得长时间处在寒冷之中才行，大冬天躲在温暖的室内可不算。可是，寒冷可能会带来其他健康问题。

第二种办法就是少吃一点儿，直接减少新陈代谢。以前，人们对老鼠做过很多实验，吃得少的老鼠的确寿命更长。韦斯特赞同这个看法。

不过2017年咱们《精英日课》专栏讲《端粒效应》那本书的时候提到过，同样是吃得少，用猴子做实验并没有得到延长寿命的结论。还有人拿人做了短期的实验，吃不饱的人的端粒并不比正常人长。所以，我有点儿怀疑这个结论。

不管怎么说吧，如果纯粹从代谢率这个硬限制角度考虑，延长寿命的办法大概就只有"饥寒交迫"了，而且我们还不知道能有多大效果。现在市面上所有延年益寿的方法，因为解决不了毛细血管磨损这个硬限制，肯定都不能真正解决问题。

那你可能会说，人体除了磨损外，不还有个自我修复的功能吗？的确如此，但修复要消耗很大的能量，而那部分能量已经算在前面说的维护部分里面了。归根结底，修复能力是由进化决定的。进化最关心的是让你在40岁以前生10个孩子把基因传播出去——进化并不在乎你完成这项任务以后还能活多长时间。

不过好消息是人毕竟还是比进化的"设计"活得长。标度律规定心率与体重的 $-1/4$ 次方成正比，而既然寿命与体重的 $1/4$ 次方成正比，就意味着所有动物一生的心跳总次数是一个固定的数字。事实上，除了人，所有哺乳动物一生的心跳总次数都是 15 亿次，而人是 25 亿次。

这是今天坏消息之中的好消息。人，毕竟还是脱离了进化的设定。

所有这一切都是因为代谢率正比于体重的 3/4 次方。这是一个 $k<1$ 的亚线性关系，因为有了这个关系，生命才有这些限制。之所以会有这个 3/4，就是因为我们的血管是一个接近理想分形的状态。毛细血管遍布全身，就像你把一个床单反复折叠、压到很实之后，它就不再是二维的床单，得按体积计算了。血管本身已经是三维的，遍布全身后就成了四维的。

这是大自然的鬼斧神工！把人的血管摊开，总长度能达到 10 万千米，相当于绕地球 2.5 圈。

非生物的网络结构绝对做不到这一点。不过公司、城市也有自己的标度律。

为什么城市越大越好

《规模》的主题是讲一个数学的硬道理：规模决定了一个组织的最关键限制。比如我们前面讲的生物体的规模法则，就是体重几乎决定了一切，包括寿命，而一个生物物种有多聪明、多么爱锻炼，都只能起到微调的作用。

城市，也是规模几乎决定一切。大城市和小城市很不一样。

前面我们讲到，生物体有两个关键的标度律：能耗与体重的 3/4 次方成正比，而力量与体重的 2/3 次方成正比。这两个都是亚线性关系，也就是说，生物体重越大，它的单位能耗和单位力量都会越小。

对养猪吃肉来说，这是一个好消息，这意味着猪越大，就越省粮食。可是，如果你想让这个动物干活，这不是一个好消息，因为动物越大，它的相对力量反而更小，最后可能根本就撑不住自己的身体。说白了就是，如果是养猪吃肉，猪越大越好；如果是养马拉货，那养一匹肥马还不如养两匹瘦马。亚线性关系就是这样的——并不总是越大越好。

城市，可就不一样了。

1. 城市的标度律

我们直观地感觉大城市和小城市很不一样，比如大城市更拥挤、创新能力更强，可是污染和犯罪也更严重；小城市是宁静的，生活节奏慢，好像很舒服，但是创新能力较弱，好的工作机会太少，以至年轻人还是愿意往大城市跑。这到底是为什么呢？难道是城市管理水平的问题吗？其实是规模问题。

大城市之所以有大城市的各种特点，就是因为大城市足够……大。

以前人们很少研究城市的规模，连最起码的定量分析都很少。所谓的城市专家，无非就是论证一下这个城市的道路规划是不是合理，工业区应该放在哪儿，居民区应该放在哪儿之类的问题。

现在人们有了各种丰富的城市数据，城市的标度律才浮出水面。比如下面这幅图，是法国、德国、荷兰和西班牙这4个国家的多个城市的人口和它们各自加油站数量之间的关系。

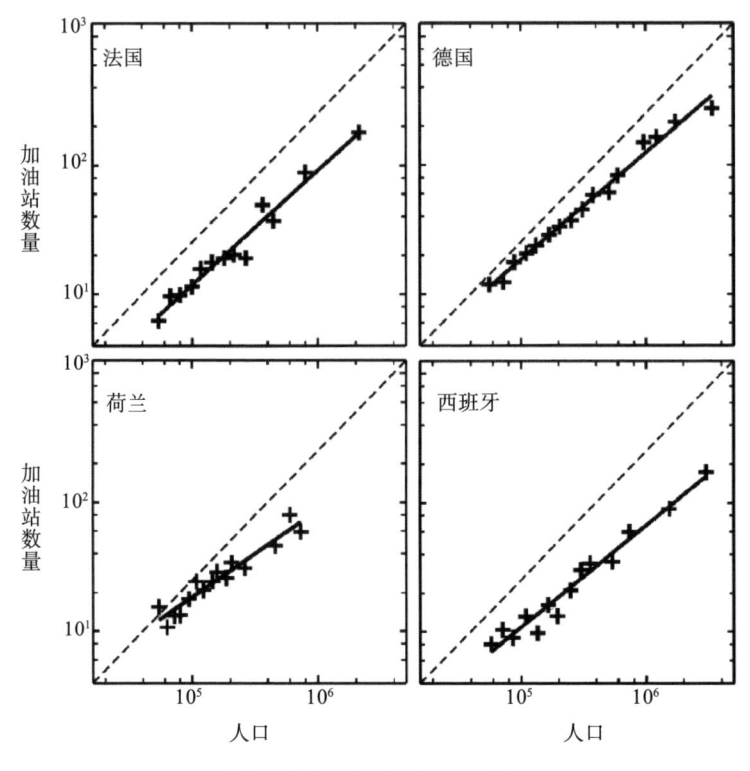

加油站数量与城市规模的关系

人口越多，加油站就越多，但是加油站数量的增长速度比人口慢。这4幅对数图基本上表现了同一比例关系：加油站数量与人口的0.85次方成正比。

这是一个亚线性关系，意味着城市规模越大，人口越多，人均所需的加油站数量就越少。这使我们想起了生物的代谢率，我们记得，代谢率是与生物体重的3/4次方成正比的。生物的"3/4"来自血管的分形结构，那城市的这个"0.85"又是从何而来的呢？

不仅仅是加油站，更多的研究表明，城市的道路总长度、水电和煤气管道总长度也与人口的0.85次方成正比。总而言之，我们可以说：

$$\text{城市基础设施} \propto \text{人口}^{0.85}$$

这是一个好消息，意味着大城市比小城市更节省基础设施，而更好的消息是，城市的产出和规模呈超线性关系。

下面这几幅图表现了各个城市的工资总额、专业人才数量和专利数量与人口规模的关系。

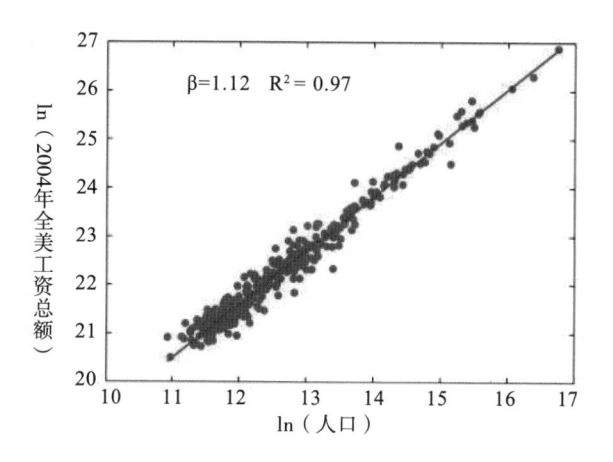

全美工资总额与人口规模的关系

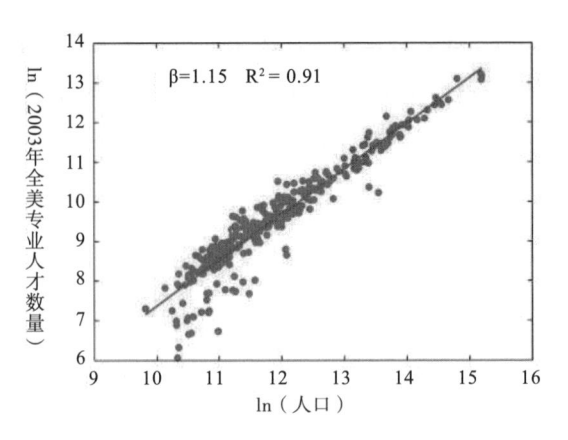

全美专业人才数量与人口规模的关系

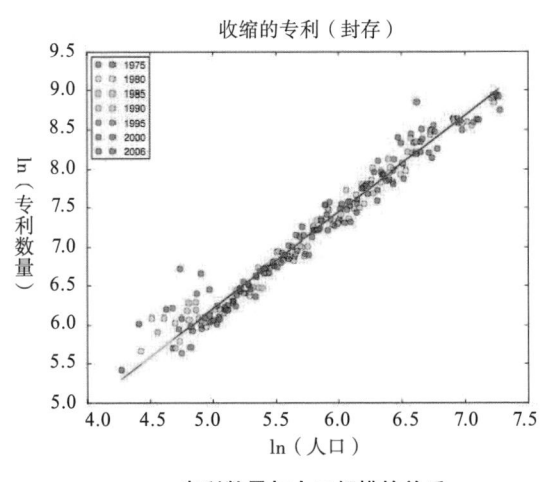

专利数量与人口规模的关系

它们也表现为相当整齐的标度律，但这个幂指数可就不是 0.85 了，而是 1.15。

$$城市产出 \propto 人口^{1.15}$$

这意味着城市产出的增长速度比城市规模的扩张速度快。

咱们打个比方。把 1 000 万人口的大城市和 10 万人口的小城市做对比，人口规模相差 100 倍。考虑到 100 的 0.85 次方等于 50，100 的 1.15 次方等于 200，那么这两个标度律就表明：城市人口规模扩大 100 倍，其基础设施只需扩大 50 倍，而城市的产出却扩大了 200 倍。

所以，城市越大越好。如果让物理学家当总理，他的战略肯定是尽可能地发展大城市。让农民进城、让城市变大，是提升经济最快、最环保的办法。

那现在问题来了，这个 0.85 和 1.15 到底从何而来呢？

2. 人与人的连接

韦斯特在书中对城市的两个标度律只给出了泛泛的解释。简单地说，就是城市产出是由社交网络决定的，而城市的基础设施则是另一个网络，这两个网络都具有近似分形的结构，两个网络互相制约，形成了两个标度律。

在有限的篇幅内，韦斯特并没有推导为什么会是 0.85 和 1.15 这两个数字，也没有直观地解释为什么一个是亚线性关系，一个是超线性关系。韦斯特在圣塔菲研究所有个同事叫 L. M. 贝当古（L. M. Bettencourt），他于 2013 年在《科学》杂志上发表一篇论文[①]，解释了这两个标度律。我花了点儿工夫仔细研读这篇论文，现在根据这篇论文，梳理一下这两个标度律的逻辑。下面的分析稍微有一点儿技术化，但是值得我们钻研。

首先，什么是城市呢？所谓城市，就是住在这里的任何两个人之间都能轻易发生连接。比如，我开一家饭店，你是和我在一个城市的人，那就意味着你上午听说我的饭店好，晚上就能来吃。你在家点外卖，我肯定有办法给你送去。这就叫"同城"。城市越大，这就越不容易做到。城市的连接成本，假设交通非常方便，就是与城市大小即城市面积的平方根成正比的。用 L 表示长度，A 表示面积，那么平均每个人的连接成本正比于 L，也就正比于 A 的 1/2 次方。

其次，产出是从哪里来的呢？从人与人之间的连接中来。我的饭店的菜好吃还不行，还要能卖给你，这才叫产出。专业人才不是只要有人口就能产生的，得有学校培养、有公司聘用才行。专利不是个人闭门造车的结果，是几个人互相启发产生的网络效应。

---

① L. M. A. Bettencourt, The Origins of Scaling in Cities, *Science* 340, 1438, June 21 2013.

同样开一家饭店，人口密度越大，收益就越高。我们可以想象，城市里每个人的基础收益，是与城市的人口密度成正比的。我们设定 N 代表城市总人口，那么人口密度 $n = N/A$。

人均成本正比于 A 的 1/2 次方，人均基础收益正比于 N/A，而要想让城市维持下去，就要求成本等于基础收益，所以 A 的 1/2 次方正比于 N/A，于是我们得到：

$$A \propto N^{2/3}$$

也就是说，理想城市的面积是与人口总数的 2/3 次方成正比的。这个结论非常关键，它说明越大的城市反而越拥挤，当然，从另一方面你也可以说越大的城市反而越节省土地。

最后，我们再看基础设施。城市里两个人之间的平均距离 d，应该等于平均面积的平方根，也就是 d 正比于 (A/N) 的 1/2 次方。如果这个城市的基础设施好，人均拥有的道路长度应该就是两个人之间的平均距离。这样一来，城市道路的总长度 Nd 应该正比于 $\sqrt{AN}$。再考虑到 A 正比于 N 的 2/3 次方，我们就得到：

$$道路总长度 \propto N^{5/6}$$

注意 5/6 = 0.833，这就是基础设施那个 0.85 的标度律的由来。

前面我们说过，人均基础收益正比于人口密度，但是贝当古提出，实际上的人均产出应该由基础设施决定，毕竟各种活动都是在基础设施上发生的。考虑到这一点，平均每人在城市里能遇到的连接数正比于 $N/$ 道路总长度，而产出正比于连接数，所以：

$$城市总产出 \propto \frac{N}{道路总长度} \times N \propto N^{7/6}$$

这就是总产出那个 1.15 标度律的由来。

这一切推导的前提，是城市基础设施要触及每个人，具有"空间填充"的特点。也就是说，这个网络得具备一定的分形结构。有些不发达国家的城市基础设施没有这么好，其标度律的数值也会有所不同。

我个人感觉贝当古这一套推导有点儿牵强，就像知道答案以后故意凑数一样。贝当古自己在论文里也说，城市面积正比于人口的 2/3 次方这个数值跟实际城市统计的对比结果并不是很吻合，实际幂指数在 0.56~1.04 之间。可是，从这个公式出发推导出来的 5/6 和 7/6 这两个幂律，却和实际结果吻合得很好。

可能也是出于这个原因，韦斯特并没有宣布物理学家的胜利。他说我们还不能完全解释城市标度律。

即便如此，这些分析也带给我们很大的启示。

3. 城市的意义

为什么城市产出和人口呈超线性关系？因为产出源自人与人之间的连接。产出不是由人数决定的，而是由连接数决定的。

只要用一点最基本的排列组合知识，你就知道，五个人之间总共有 $5 \times 4/2=10$ 个连接；而六个人之间总共有 $6 \times 5/2 = 15$ 个连接。连接数的增长速度，大大快于人数的增长速度。

人口密度越大，每个人所能轻易达到的连接就越多，城市总连接数就会越多。你要开一家电话公司，必须首选人口密度大的地区。其实所有的生意都是这样的。这就是人口的规模优势，这就是为什么中国市场这么大，这就是为什么一旦开启城市化，中国的发展就突飞猛进。

为什么城市基础设施和人口呈亚线性关系？因为城市把人聚集在一起，人口密度大，人均面积小，道路的利用率就高。让分散居住的几个村子的农民进城住在一起，其实更节省资源，也更环保。

当然，城市产出不仅仅包括财富和创新，还包括犯罪和疾病。城市越大，犯罪率和传染病率也越高。理解了标度律，你就知道这其实是不可避免的，是规模带来的副产品。

具体到每个国家，可能城市标度律的具体数值有所不同，但是超线性和亚线性这两个关系都还是成立的。不过国家和国家毕竟有所不同。比如，美国的创新能力比日本强，而日本的犯罪率比美国低，所以把纽约和名古屋放在一起对比似乎意义不大，但是在各个国家之中，因为文化和治理方式类似，所有城市标度律非常一致。

更有意思的是，哪怕一个城市开始规划得不好，非常不符合标度律，等到几十年以后，更多的人住进来慢慢改造，城市还是会符合标度律。韦斯特说这就好像城市规划并不怎么重要，因为城市是活的，它终将成长为合理的样子。

这就是城市。生物体不能太大，而城市却可以越来越大；公司会倒闭，而城市却总能重生；政府会犯错误，而城市却终将符合标度律。

把大城市和故乡的小城镇对比，我们关于城市的一切感叹，都跟标度律有关。

城市快节奏的数学

大城市的生活常常带给人们一些复杂的情感，特别是如果一个人小时候曾经体验过农村或者小城市的宁静生活，长大后在大城市工作，对城市就可能有一种五味杂陈，甚至又爱又恨的矛盾心理。

一方面，大城市的确有很多好的工作机会，各种好吃、好玩的东西也多，新鲜事物层出不穷；另一方面，大城市里人和人的交往好像有点儿淡漠，有时候感觉城市就像钢筋水泥的丛林一样，特别是，城市越大，好像工作和生活节奏就越快，什么事情还没来得及看清楚、想清楚，就已经过去了。

所有这些感慨，其实都是对数学的感慨。

1. 大城市的步行速度

几年前，美国某小城要举办一场大学橄榄球比赛。美国大学体育搞得特别专业，像这样的比赛一般都是全城谈论的焦点。当天正好赶上下大雪，交通非常不便，比赛就被取消了。

本来这件事没什么，但此时正好赶上中国崛起，一位专栏作家就这件事发表文章，表示不满。

他说，因为一场雪就把比赛取消了，我们美国人还有奋斗精神吗？我敢说这要是在中国，人们会一边铲雪一边往赛场赶，同时还做着微积分的作业题。

作为中国人，我听到这个言论深感自豪。的确，在我的家乡哈尔滨，从未听说因为下雪取消过什么重大活动。我们上学的时候经常自带工具前往学校扫雪。

但这也许并不说明中国人跟美国人有什么重大性格差异，这可能纯粹是因为哈尔滨是个比较大的城市。

大城市的人比较爱奋斗。下面这幅图表现的是欧洲不同规模的城市里行人的步行速度的区别。

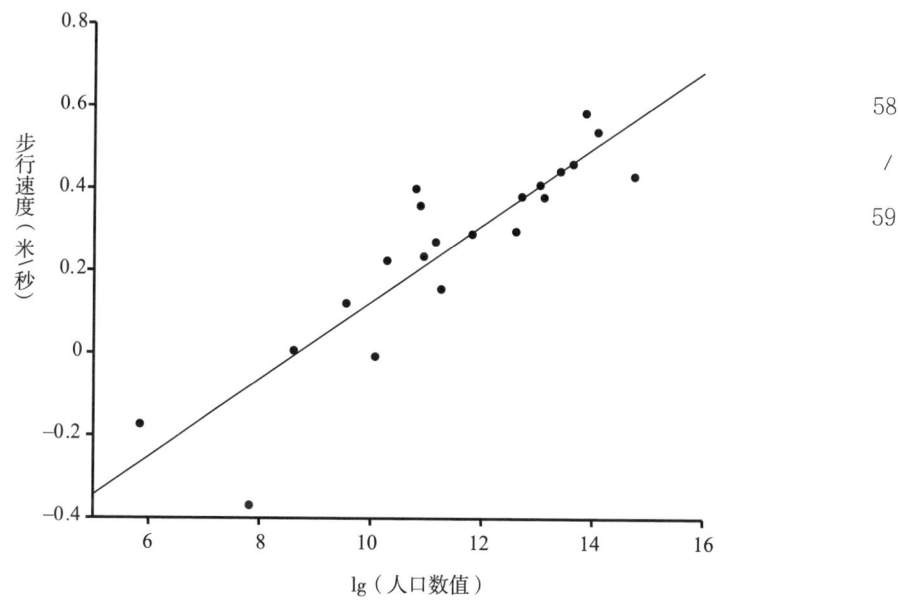

不同欧洲城市的平均步行速度与人口的比例变化情况

大城市的人的确脚步匆匆。小镇人的步行速度差不多是每小时三四千米，而在超过百万人口的大城市里，人们每小时能走 6.5 千米。这个步行速度与城市规模之间也有个标度律，大约是步行速度正比于城市人口总数的 1.1 次方。不过这个趋势是有上限的，哪怕是千万人口的特大城市，人们的步行速度最多也就是每小时 6.5 千米，因为再快人就受不了了。

那这到底是为什么呢？难道说城市里的人走路的时候都无时无刻不在感受城市的大小吗？

韦斯特分析说，根本原因就是我们上一节说的那个城市产出的超线性标度律。城市规模越大，人与人之间的互动就越多，就能创造出越多的财富，就能进一步激发人们去做越多的工作，这是一个正反馈的过程。

咱们设想一个送外卖的小哥，在小镇里总共也没有几单生意，他走快点儿慢点儿都没关系，完全可以不必太着急；可是大城市生意多，那可真是时间就是金钱。还有一个因素是人群的效应。如果你身边的人都行色匆匆，你也会不由自主地加快速度。

从另一个角度想，这件事也很有意思。城市生活的一个大好处就是便利，可以随时点外卖，点外卖的目的就是节省时间，就是让自己多点儿自由，可是我们的生活分明却是，所有这些看似省时间的东西，最终反而让我们更没有时间了。

这是怎么回事呢？这是人和城市的本性。

2. 一小时之内

现在我们经常设想，如果将来人工智能真的特别厉害，能代替我们做很多工作，我们就会有大量的闲暇时间，那我们该用这些闲暇时间干什么呢？我读了这本书之后，感觉这个问题有点儿想多了。

韦斯特说，早在 1930 年，经济学家凯恩斯就发表过这样的担心。凯恩斯说，将来经济高度发达，人们摆脱了经济的束缚，该怎么消磨时光呢？

答案可能是人会觉得时间更不够用了。

以色列交通工程师扎哈维和意大利物理学家马尔凯蒂，先后在 20 世纪 70 年代和 90 年代注意到，决定从古至今各个城市的大小的，是交通工具有多快。任何城市，不管是哪个时代，都必须保证让人能在半个小时之内从家里赶到工作单位。

这个定律被称为"马尔凯蒂定律"。也就是说，城市不能太大，得让人每天的通勤时间限制在来回总共一个小时。

这个道理容易理解。我们上一节说过，城市就是同城的任意两个人之间都能方便地发生连接。如果见个面还得提前买火车票，那就太不容易了，就不叫同城了。每天上班就是我们最重要的连接，而一小时通勤时间大约是人们能忍受的极限。

当然，北京人一般能忍受两个小时。关键在于，从古至今，交通方式一直在变，行进速度越来越快，但人们并没有把时间省下来用于"闲暇"——人们选择了让城市变大。

马尔凯蒂考证，古代所谓的大城市，比如罗马，总面积也就20平方千米，差不多相当于长宽各是5千米，而人一小时能走的距离，正好是5千米。这就意味着从城市边缘半个小时能到达市中心。现在汽车一小时能走40千米没问题，城市规模也就可以扩大到40千米。

如果有地铁还可以更大。这跟我们上一节说的也有联系：贝当古推导城市标度律的时候就提到，决定人们连接成本的，就是城市的规模。

城市本质上节省资源，所以最终限制城市发展的不是资源供给，而是人。人不愿忍受太长的上下班时间，城市直径就不能超过一小时路程。当然，技术进步可以把这一小时的距离变得更长，城市的规模在不断扩大。

但人心中还有另一个尺度。

3. 熟人和连接人

我们前面一直说，城市产出之所以与规模呈超线性关系，是因为产出正比于人的连接数，而不是正比于人数。那人与人的连接数，是不是真的存在这个1.15的标度律呢？这还真是可以证明的。

科学家想到的方法是研究电话通话记录。两个人打过一次电话，就算发生了一次"连接"。这个数据最容易获得。下面这幅图是葡萄牙的手机通话记录和英国的固定电话通话记录。

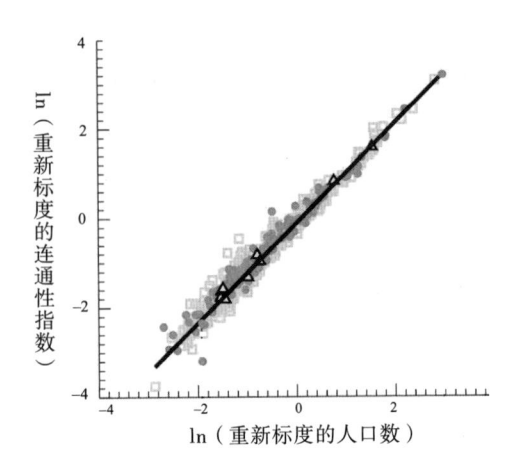

图中每个点代表一个城市，横坐标是城市人口除以一个标准值之后的对数，纵坐标是电话联系的总量。这些点几乎排成了一条直线，结果正好是通话总量正比于人口的1.15次方。

这个通话总量既是拨打电话的总次数，又是打电话的总时间。举例来说，如果一个大城市的人口总数是一个小镇的100倍，那么这个大城市的通话总量就是这个小镇的200倍。平均而言，每个大城市的人要多花整整一倍的时间用于打电话，或者说，用于与人发生连接。

所以大城市的人都较为忙碌。这还仅仅是一对一的双向交流，如果再考虑到公司对个人、广告对消费者这些一对多的交流，一个大城市的人简直就是一天到晚都在被各种连接请求"轰炸"。

可是忙归忙，人的内心未必会觉得特别充实。人的基本社交能力是有限的。我们很多人都听说过一个概念叫"邓巴数"，在任何情况下，每个人最多只能有150个熟人。

可能你的微信联系人远远超过150人，但是其中真正能算得上熟人的，不会超过150人。人类在漫长的历史中都生活在小村落里，进化给人脑的设定就是你能交往的人数上限就是150。

观测结果正是如此。还是考察葡萄牙和英国，如果你问每个人都有多少朋友，那么不论城市大小，每个人的朋友数都差不多。

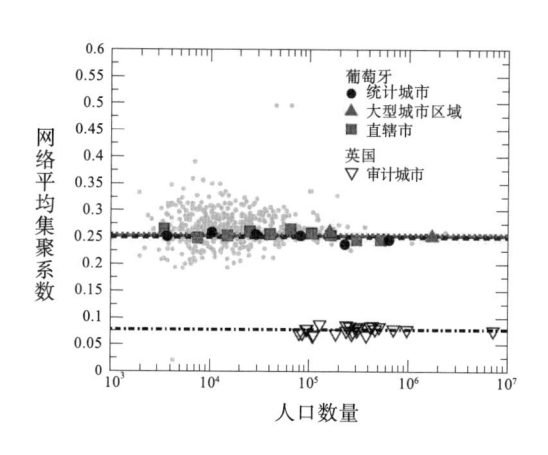

城市越来越大，联系人越来越多，每天与各种人连接，但我们心目中的熟人还是只有那么多。城市并没有完全改变人。我们住在城市里，心中却还保留了一个乡村。

韦斯特说这还是比真的住在乡村里好，毕竟在真的乡村里你"只能"面对固定的那些人，你不能选择朋友；而在城市里，你总可以选择和志同道合的人当熟人。

这个道理完全正确。从另一方面来说，大城市的确让我们的生活发生了某种脱节。每天放眼望去到处都是人，可是其中很可能根本就没有一个是熟人。连接的人越多，孤独感可能越强。

我看韦斯特书中各种分析，感觉城市都像是活的一样，有生命而且有个性。比如，加利福尼亚州圣何塞市（现在叫"硅谷"）的创新能力大大超出了自己的人口期望，是名副其实的创新城市。有意思的是，早在半导体行业兴起之前，圣何塞还不是"硅谷"的时候，它就已经特别能创新了。可能是因为它距离斯坦福大学近，也可能是别的什么原因，总之不太可能是因为圣何塞市政府的政策好。韦斯特等人用标度律给各个城市排名，发现城市的特色常常几十年不变。

标度律的作用是绝对的，就好像举重运动员再有个性，也得按照体重分级。使用标度律分析，韦斯特说明纽约市其实只是一个普通的城市，它的创新能力其实比它的人口预期的还要弱一点儿，它的犯罪率其实比预期的还要低一点儿。纽约之所以那么显眼，纽约之所以是纽约，只不过是因为纽约特别大。

城市本身是越大越好，但是城市发展要受到人的限制。城市再大，也必须确保一个人能在半小时或者一小时内从家到达工作地点；城市节奏再快，人的步行速度也有个生理极限；城市里的连接数再多，人的熟人也只有那么多。

我们既是在限制城市又是在适应城市，可能我们对城市一切复杂的情绪都源自这个根本的矛盾。

城市这么空，回忆这么凶，街道车水马龙，你和谁相拥？你以为你感慨的是感情，其实你是在感慨数学。

公司的宿命

最后一节，咱们说说公司。

规模法则这一方法最厉害之处就在于，它只是抓住一个非常简单的数学关系，就能确定生物体、城市和公司的命运。你会发现不同生物体虽然各有各的特点，但是大体上都符合同样的标度律。韦斯特甚至说，标度律决定了城市80%~90%的可测算的特点。也就是说，文化、历史、政府的政策最多只能决定百分之十几。

规模决定了生物体的能量汲取能力、力量和寿命。规模决定了城市的产出、基础设施和发展前景。规模，也能决定公司的宿命。

在讲公司之前，我想先借这个机会，把韦斯特这本书的理论总结成一个统一的框架。不管是生物体、城市还是公司，系统都有一定的规模，总要汲取一些能量，总要消耗一些能量，我们可以把对应的关系总结成一张表。

系统及其规模与汲取的能量和消耗的能量

系统	生物体	城市	公司
规模	体重	人口	雇员人数
汲取的能量	代谢率	产出	销售额
消耗的能量	身体维护	基础设施	成本

想要让系统发展壮大，汲取的能量必须大于消耗的能量。这本书研究的全部

内容就是汲取的能量和规模之间的关系。这个关系可以用一个标度律来表示：

$$\text{汲取的能量} \propto \text{规模}^k$$

对生物体来说，$k = 3/4$。这是一个亚线性关系，说明生物的能量汲取能力跟不上体重的增长，所以长到一定程度就不能继续长了，只能停止长大，成熟，然后衰老。

对城市来说，$k = 1.15$。这是一个超线性关系，说明城市创造财富的能力超过人口的增长速度，所以原则上城市可以一直发展壮大。只要有人口供应，只要地球资源够用，城市永远都不会老。更好的是，城市基础设施的标度律 $k = 0.85$，说明城市不但可以一直长大，而且还越大越环保。

那公司的标度律是什么呢？

下面这张图，就是 28 853 家美国上市公司的情况。横坐标是各公司雇员的人数，纵坐标，从上到下按顺时针方向，分别是净收入、总利润、销售额和总资产。

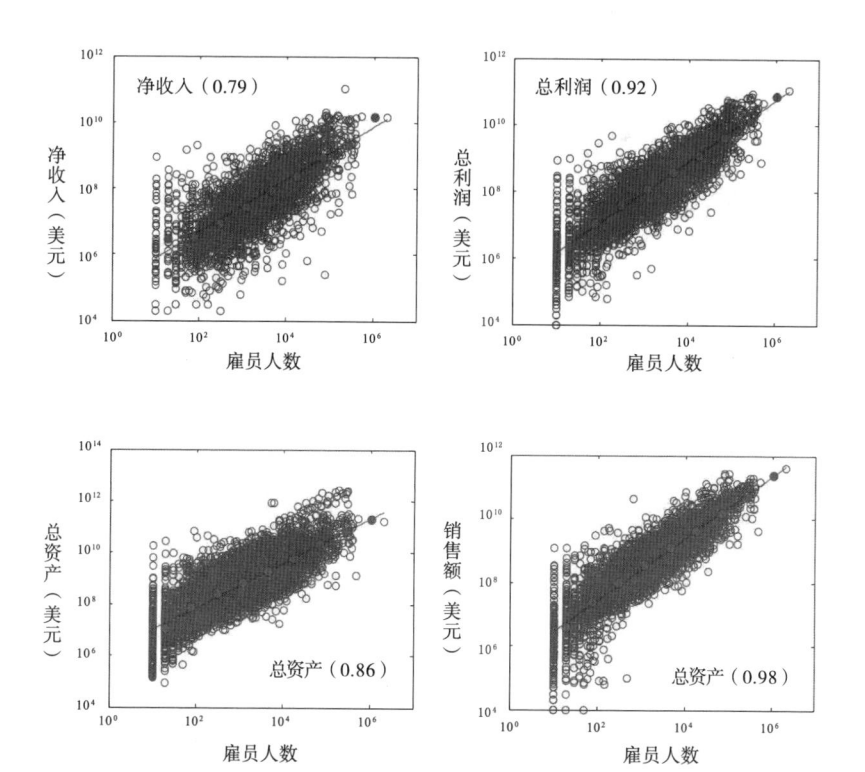

我们看这些数据非常杂乱无章。韦斯特说这是因为相对于生物体和城市来说，公司没有经过亿万年的进化，也没有经过数百年的演变，寿命都很短，没有机会形成特别稳定的结构。不过研究者可以把规模相近的公司取个平均值，就得到图中那些白色的圆点，这些点还是非常整齐的。

结果根据这些数据，公司这几个项目的标度律分别显示在图上。我们特别要注意的就是"销售额"这一项，这一项相当于公司从外界汲取能量的能力，至关重要。

销售额正比于雇员人数的 0.98 次方。这差不多就是 $k=1$，也就是线性关系。

北京师范大学学者张江加入圣塔菲研究所的这项研究后，开始分析中国上市公司的数据，并与美国上市公司做对比，发现两者性质比较接近。下图中左边两幅图是美国公司的销售额和销售成本，右边两幅图是中国公司的销售额和销售成本。

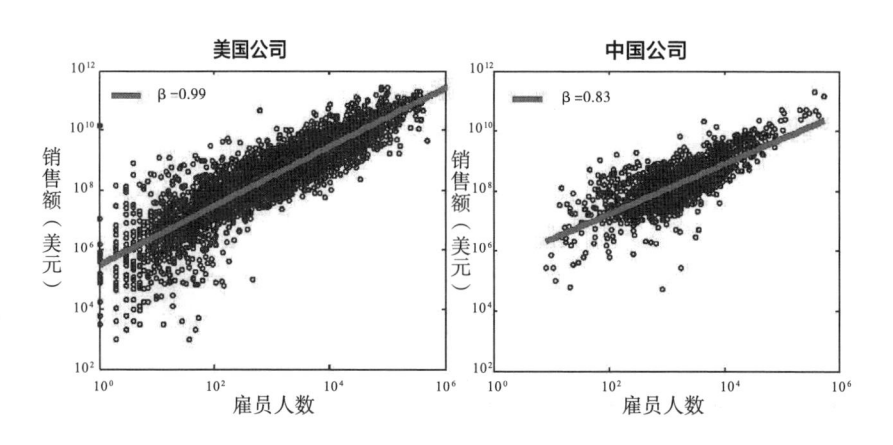

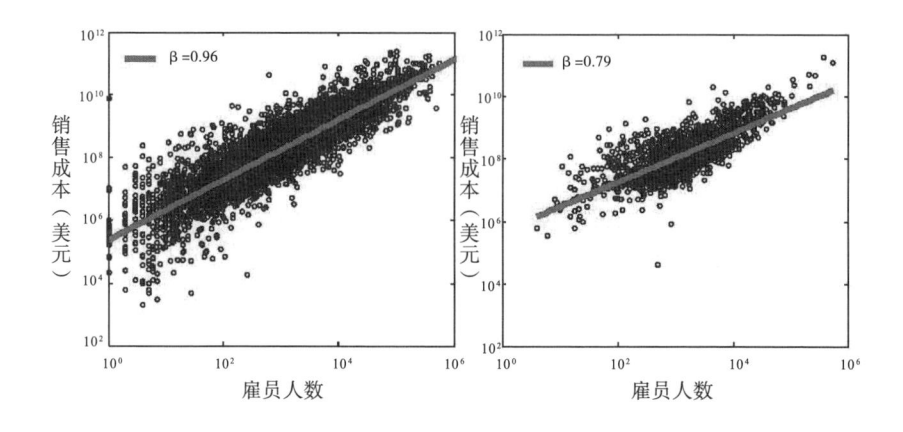

美国公司的销售额和销售成本差不多都正好正比于公司雇员人数，中国公司的销售额和销售成本差不多正比于雇员人数的0.8次方。单从这组数据来看，中国公司的效率有点儿问题，在雇员人数增长的同时业绩并没有按比例增长，有点儿人浮于事的意思，这么发展是不可持续的。

不过，在韦斯特看来，这两张图说明，中美两国的公司业绩差不多都正比于公司雇员人数。考虑到公司数据实在杂乱，我们也姑且可以这么理解。

所以，对公司来说，似乎存在一个 $k=1$ 的线性关系。这说明公司处在城市那样的无限潜力发展和生物体那样的有限发展之间。并没有什么明确的力量推动公司发展得越来越大，也没有什么明确的限制要求公司有固定的寿命。公司的标度律正好处在发展的边缘。

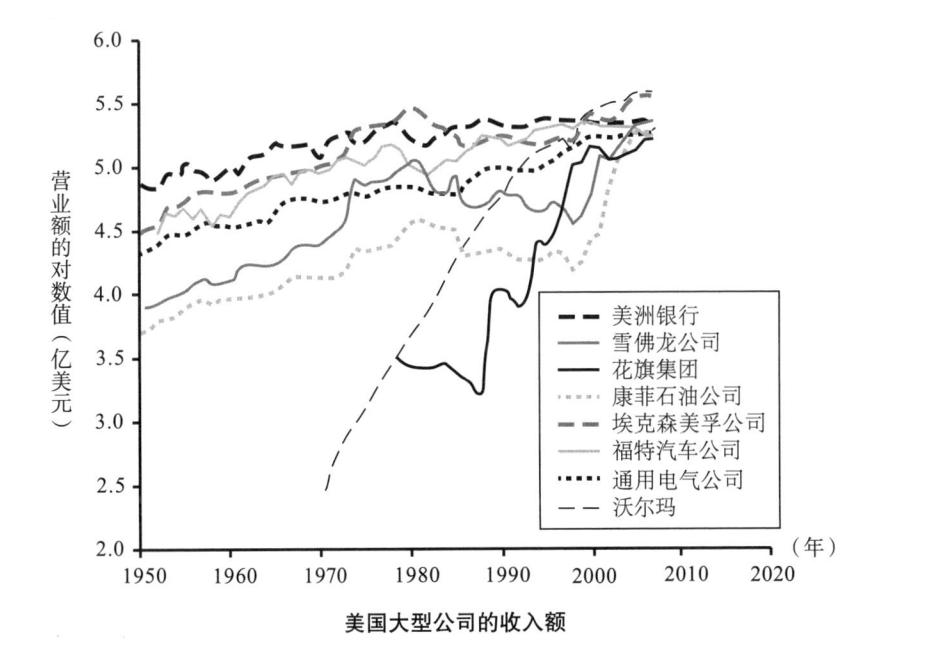

美国大型公司的收入额

我们再考察几个大公司的发展史，这个局面更明显。

这是一张半对数坐标图。小公司一开始可能增长很快，但最终都变成近似的直线，增长率固定下来。

这种增速相比城市是慢了很多。从理论上来说，这其实还是指数增长，但这种增长非常危险。

大公司的销售额和成本都与雇员人数成正比，这是一个危险的关系，因为你经不起折腾。这其实是一个勉强维持的局面。韦斯特打了个比方，说这就像一位老人，身体已经积累了大量的损伤，没有什么韧性了，一旦得个什么病，哪怕是感冒，都有致命危险。大公司随着市场波动，非常脆弱，一旦发生什么财务状况，都可能倒闭。

这个标度律意味着所有公司死亡的概率都是一样的。这就像物理学上说的放射性物质衰变一样，一堆放射性物质放在那里，其中每一个原子都有可能随时衰变。物理学家甚至可以据此给公司算出一个"半衰期"。

美国上市公司的半衰期是 10.5 年。也就是说，如果你随意跟踪不管多少个公司，每经过 10.5 年，它们就会死亡一半。这个半衰期跟具体的行业、公司的大小、上市时间都基本没有关系。只要是公司，就有这个 10.5 年内 50% 的倒闭风险。

那要这么算的话，公司想要长期存活可是太难了。以前我在国内买东西，发现商家很爱说一句话，叫"我们的生意要做 100 年"，意思是说他们会讲信誉，要积累长期的声望。这些商家肯定高估了自己的生存能力。

按照标度律的数学计算，公司能存活 100 年的概率，差不多是百万分之四十五！事实上，历史数据也说明公司都做不长。中国做市场经济的时间短，不能说明问题，美国则有丰富的历史数据。历史数据显示，公开上市 30 年之后还存活的公司，不到 5%；能存活 50 年的几乎没有。

有人可能会问，世界上不是有很多"百年老店"吗？事实是如果你想开一家严肃的公司，就别拿那些"百年老店"当榜样。所谓百年老店，基本都出现在欧洲和日本，做的几乎都是特别小众的业务，几乎都是在一个家族里代代传承的小作坊。比如，一家日本旅馆有好几百年的历史，根本原因是他家有个温泉，没人跟他家竞争，他家也无意做大。

理性地看待公司，其实经营几年倒闭了都算正常。"醉卧沙场君莫笑，古来征战几人回。"旧公司不倒闭，新公司哪有出头之日。

遗憾的是，现在圣塔菲研究所的学者还无法深入研究公司，所以没人能系统地解释为什么公司的标度律 $k=1$。公司内部的网络与城市和生物体有什么区别吗？我们不知道。解释这个标度律，绝对是个很好的研究课题。

不过把公司和城市、生物体类比，我们还是可以做一番推测。

城市之所以能不断发展壮大，是因为城市的产出是由人与人之间的连接决定的。连接促成创新，这是一个"1+1>2"的过程。城市壮大，是因为城市随时都在更新和突破自我。

生物体的生长有极限，是因为细胞一旦长成，基本上就只消耗维护资源，不生产新的东西。两个细胞不会发生连接，不会在生物体内爆发一次革命。

公司在创立之初是非常创新的，但是在业务定型，能够系统地从市场上赚钱之后，它就没有必要再冒险创新了，而会越来越依赖现有的业务模式，它再雇用新的员工，也只是为了发展现有的业务而已——它会越来越像生物体。

这其实就是我们常说的"颠覆式创新"——不把你这个固定玩法颠覆了，别人没法儿创新。把公司和城市类比也不是一个新思路。我以前就听说有人讨论这个问题。比如，Zappos（卖鞋的最大网站）的创始人谢家华就曾经解释过为什么城市越大创新能力越强，公司越大却反而越不好创新。他认为这是管理机制的问题。

一个城市的市长不会指挥市民搞创新，市长不过问市民都干什么挣钱，市长只是提供基础服务而已。那为什么公司的 CEO 非得对手下员工干什么指手画脚呢？公司的管理能不能借鉴一下城市的风格呢？

据我所知，现在美国有些大公司就在做这种管理探索，允许员工在公司内部创业。这种公司就像城市一样，给你提供一个平台。这简直就是一个有点儿"反常识"的思路：你管了，公司业务能上正轨，但公司的寿命就是非常有限的；你不管，可能员工根本不知道干什么，但是公司反而能有无限的大发展？反正这些尝试都在进行，有见识的企业家非常理解这个问题。

至此，《规模》这本书我们就解读完了。我认为我们可以从中学到几个道理。

第一，我们见识了数学的力量。生物体、城市和公司，表面看来好像有千变万化，但是万变不离其宗，都被几个非常简单的数学公式左右。

第二，成长方式决定宿命。如果不是算过数学标度律，有谁能想到，靠吃饭生活怎么就不可持续，靠连接生产怎么就能发展壮大了呢？

第三，这里我想总结一句有点儿鸡汤味道的话了：胸怀决定格局。

如果你对自己的成长方式完全被动，基因怎么设定你就怎么长，那你就是生物体的命运：寿命有限，将来必死。

如果你能主动掌握自己的成长，认准一个方向专注地做下去，那你就是公司的命运：可以发展壮大，但是永远伴随死亡风险。

如果你能海纳百川、不设成见，随时拥抱各种创新和连接，甚至帮着别人连接，那你就是城市的命运：你的发展是无限的。

当然，这些都是理论推导，个人具体怎么操作才能像一座城市，答案就不得而知了。